U0067223

其實融合很簡單

——教導障礙學生的 450 個策略

Peggy A. Hammeken 著

呂翠華 譯

Inclusion:
450 Strategies for Success

A practical guide for all educators who teach students with disabilities

Peggy A. Hammeken

All rights reserved. No part of this book may be used or reproduced in any manner without written permission from the publisher, except for brief quotations embodied in critical articles and reviews.

Copyright © 2000 Sage Publications, Inc. All rights reserved.
Complex Chinese Edition Copyright © 2009 by Psychological Publishing Co., Ltd.

目　錄

i

譯者簡介

呂翠華

學歷　美國愛荷華大學哲學博士

現任　國立臺北教育大學特殊教育學系副教授

譯作　《普通班教師的教學魔法書：改造學習困難的孩子》（心理）

　　　《發現不一樣的心智：一本關於學習能力與學習障礙的小學生
　　　　讀物》（心理）

　　　《其實融合很簡單：教導障礙學生的 450 個策略》（心理）

　　　《人生就在眼前，你準備好了嗎？》（心理）

　　　《戰勝讀寫障礙》（心理）

譯者序

Imagine all the people

Sharing all the world

You may say that I'm a dreamer

But I'm not the only one

I hope someday you'll join us

And the world will be as one

—John Lennon

　　一個早櫻綻放的初春早晨，在淡水鎮上的一所百年老校裡，場景是學生的才藝發表會，每個班級的小朋友們莫不使出渾身解數，期待最完美的演出。當輪到了某個五年級班級，他們的表演節目是手語歌曲「城裡的月光」。三十個孩子依序出場，搭配著優美的旋律，他們雙手比劃著純熟的手語，看得出來孩子們為此競賽已有了充分的練習。但吸引大家目光的是，隊伍裡有個孩子做的動作總和別人不一樣，那是個自閉症的孩子，他被安排站在第一排裡最亮眼的位置。在輕柔的樂曲聲流瀉中，他自在地隨音樂擺動肢體，臉上不時露出快樂的笑容，而他身旁同學們整齊劃一的動作，卻也變成了一種美麗的烘托。那是級任導師的守護、同儕的愛，幫他把夢

想照亮，讓幸福撒滿了整個舞台！

❖❖❖❖❖❖❖❖❖

在一個青山綠水環繞的原住民小學，我遇見了兩位巡迴資源班教師。不論颱颱風或下大雨，冒著坍方落石的危險，他們不停地在蘇花公路沿線的幾所小學來回奔波，為偏遠地區的特殊孩子提供服務。這兩位資源班老師來自平地，可以請調返鄉的時間早就過了，卻仍留在部落裡陪伴著孩子成長。年復一年地，老師的皮膚曬得越發黝黑了。兩位資源班老師興奮地談著如何協助一個中度智能障礙的女孩融入普通班學習，而女孩的級任導師更是眉飛色舞，這位普通班老師的臉上有股掩藏不住的驕傲感，她開心地誇讚著這個女孩是多麼地不一樣，她在孩子的身上看到了潛能。老師說經由班上同儕不斷的支持與鼓勵，女孩找回了學習的自信心。現在，這個特殊孩子學會吹奏法國號，成為學校管樂社團的重要成員呢！

❖❖❖❖❖❖❖❖❖

在市中心一所百班的大型學校裡，曾經有位即將接任一年級導師的普通班老師，她在得知班上新生名單裡有個自閉症學生之後，為了幫助自閉症學生及早適應普通班學習，她在暑假之初主動聯絡家長。於是，在那個暑假裡的每個清晨，這位普通班老師來到了只有蟬鳴相伴的寧靜校園，她打開了教室大門，每一天的早晨，她在教室裡用溫暖與愛的雙手迎接特殊孩子的到來，與他進行一對一的學習。經過了低、中、高年級普通班老師們接力的愛，而今，這個自閉症孩子都已經就讀國小高年級了。

以上所描述的融合班級成功案例，它們中間都有些共通點：在這些融合班級裡，普通班老師透過適合的教學方案、組織、資源、有效教學，以及其他必要的教學調整或修正，更彈性的去滿足班上特殊學生的多樣需求。融合教育的目標並非要抹去存在於特殊學生身上的差異性，而是要幫助所有學生建立在其教育社群的歸屬感，以確認和看重他們的個別性（Stainback, Stainback, East, & Sapon-Shevin, 1994, p.489）。

近年來，融合教育（inclusive education）的推動在國小校園蔚為趨勢，經由符合身心障礙學生個別需求的適當支持，身心障礙學生得以安置在普

通班接受教育（Idol, 2006）。融合教育的基本精神在於提供障礙學生最少限制的環境（least restrictive environment），其目標係確保在最適合的範圍內，障礙學生能與非障礙學生一起接受學校教育。因為融合教育的推動，障礙兒童能有接近，甚至參與普通班課程的權利，若障礙兒童能身處教育及社會主流，將對其產生學業及社會性助益。

一個值得所有教育工作者深思的問題：如果我們只是將障礙學生安置在一個他（或她）能和其他學生一起上課的教室環境，這並不意謂融合會自動隨之出現。事實上，我們在某些情況所見到的融合安置可能更像是隔離，特殊學生的需求未被滿足，因為他們在普通班並未被提供適當的服務。切記，身心障礙的標記往往不會因為僅是將障礙學生安置在普通班就消失了。我們需要的是一個「負責任的融合」。

有效的行政支持促使融合方案在實施過程中，能建立推動成員之間的正向關係（DeSimone & Parmar, 2006; Janney, Snell, Beers, & Raynes, 1995; Lieber, Hanson, Beckman, Odom, Sandall, Schwartz, Horn, & Wolery, 2000），擁有豐富行政支持及對特殊教育擔負強烈使命感的學校能服務更多的身心障礙學生（Salisbury, 2006）。國小校長對融合教育的基本信念反映出他對於多元文化中差異性的尊重、社會公平與正義的使命感，或基於保障身心障礙兒童的基本受教權益（Salisbury, 2006; Salisbury & McGregor, 2002; Sands, Kozleski, & French, 2000）。國小校長在融合的環境脈絡及此教育改革的過程中，從融合理念的形構、解釋、教育資源分配，扮演整合者的角色（Brotherson, Sheriff, Milburn, & Schertz, 2001）。

一個以身作則、支持融合的國小校長會在一開始就以「問題解決導向」的團隊運作方式來架構融合的支持網絡。每位加入團隊的學校成員都應參與融合計畫的擬定，分別從障礙兒童、家長、教師、相關人員的觀點，就融合方案該如何做、做什麼等方向來獲得大家的看法及回饋。校長應看重每一位團隊成員的價值，將其架構成更大的價值網絡。

融合方案實施的成功與否，普通班教師是關鍵人物。大部分的普通班教師都能正向地看待教導障礙學生的經驗，多數普通班教師對於校內身心障礙兒童抱持正向、接納與支持的態度，他們並不認為班上其他學生的學

習會因此而受到影響,也願意以開放的態度和同事們一起合作(Idol,
2006)。在推動融合的初期,普通班教師的最大障礙在於心裡害怕,憂慮
自己的專業能力不足。實施過程中他們更擔心缺乏後勤支援及學校支持無
以為繼。普通班教師期待學校能提供足夠的人員、設備、物資資源,以及
設定有計畫的執行時程。

　　普通班教師認為,以融合為主題的教師專業成長課程可減少他們對融
合推動的恐懼、修正錯誤的觀念、改變對融合的態度及獲得適當的支持
(Janney et al., 1995)。普通班教師想知道,一旦將障礙學生安置在普通
班,普通班教師可否從資源班教師那裡獲得特殊的方法、策略來幫助障礙
兒童(Schumm & Vaughn, 1995)。普通班教師對於教學調整(instructional
adaptations)、諮詢(consultation)、合作教學(cooperative teaching)等主
題都感到興趣。另外,輔助性專業人員(paraprofessionals)(如教師助理
及義工)對於融合資源的有效運作也都有其重要性。藉由他們對教學工作
的協助,可延伸普通班教師的教學能量及效能(Cook, Tessier, & Klein,
2000)。

　　在推動融合教育的過程中,校長除了幫助普通班教師做好心理調適及
滿足其對融合推動的需求,並應同時賦予資源班教師新的角色與責任。資
源班教師應就校內教師專業成長需求的部分提供具體的建議。資源班教師
也應從評量、直接教學(direct instruction)的直接服務,有系統地擴展至
提供普通班教師諮詢、合作的間接服務模式(McQuarrie & Zarry, 1999)。

　　普通班教師與資源班教師的合作是障礙兒童能否成功融入普通班的關
鍵因素(Cutter, Palincsar, & Magnusson, 2002; Klingner & Vaughn, 2002; Sal-
end & Garrick-Duhaney, 1999; Schumm & Vaughn, 1995; Wood, 1998),藉由
合作—諮詢模式的建立,資源班教師變成名符其實的「資源」教師,提供
普通班教師建議、諮詢,進而尋求合作教學的可能。除了資源班教師是普
通班教師重要的諮詢來源,另外,專業團隊服務的語言、物理、職能或心
理治療師也都是普通班教師很好的諮詢對象。

　　普通班教師應與資源班教師建立積極、密切、互動的合作關係,資源
班教師應熟悉普通班課程,協助普通班教師進行課程的調整或修正

（Klingner & Vaughn, 2002）。教學調整的實施基於何種教育理念？在融合教育的大力推動之下，越來越多的身心障礙學生完全融入普通班學習。但基於各種不同因素，很多障礙學生無法跟上專為主流教育結構而設計的普通班課程。融合教育現場的迷思是，即使有更多的障礙兒童融入普通班學習，他們的基本學習權利仍被阻絕於門外？障礙兒童雖身處融合環境，但可能因看不懂、學不會普通班課程，而形成另一種教室內的隔離（in-class segregation），若能藉由完整規劃的教學調整，此種教室內隔離的現象雖無法完全消弭，也可達到相當程度的減低。

教學調整係指教師為幫助學生適應學習，成為一位成功的學習者，在教學方面所進行的相關調整、改變，進而提供學生所需的教學系統及支持（Scott, Vitale, & Masten, 1998）。教學調整可能是一種例行性或偶一為之的教學活動；也有可能是短期實施或長期執行的型態；可能以個別或小組的方式進行；也有可能是教師真正去改變教材或改變教材使用的教學策略。

當普通班教材對障礙學生變成一種學習阻礙，普通班教師常會透過教材的調整，讓障礙學生能更接近普通班課程，增加在普通班完成學習的機會。教材調整包括教材內容和形式的調整，教材內容調整是改變學習知識的本質及數量，教材形式調整則為改變教材訊息呈現的形式。教材調整可有各種形式，也會因教師參與程度（計畫、準備及教學）、學生獨立性、對額外資源需求而有所不同。大部分的教材調整係幫助障礙學生發展學業技能，就理想而言，在發展一套課程教材時就應同時考量為特殊需求學生進行各種教學的調整（Scott et al., 1998）。

融合教育保證所有兒童在可能範圍內，都應被給予均等的學習機會，沒有學生會因障礙而被隔離。要讓障礙兒童接近主流教育中的閱讀、數學教材，並不是一件容易的事。如果只是單純將障礙兒童安置在普通班，發給他們普通班教材，並不足以保障其基本學習權利，那麼適合、合理的教學調整更顯其必要，但是要如何才能完成？其實，在教育現場的觀察經驗是，要滿足特殊學生的個別需求並不容易。忙碌的普通班教師如何面對教學調整，又能兼顧對整個班級的照顧？如果普通班教師能保有彈性、創意的思考空間，在班級中進行教學調整仍為可行之道。

你的融合班級準備好了嗎？如果沒有，就讓 Peggy A. Hammeken 女士助你一臂之力。融合班的推動一點也不難！這本實務手冊可讓有心推動融合教育的教育工作者輕鬆上手。Hammeken 女士指出，《其實融合很簡單：教導障礙學生的 450 個策略》為許多教育工作者、學生、家長及行政人員的合力之作，她將融合教育的成果與榮耀歸諸於大家的努力。本書的最大特色在於不談理論，作者略去艱深的文字從實務的觀點出發，書中所列 450 個策略能協助你如何教導障礙孩子獲得成功，這些策略係蒐集自不同的教育現場，由無數個融合班級的實際經驗彙集而成。本人於此書中文版付梓之際，特別感謝心理出版社總編輯林敬堯先生對特殊教育的長期關注，能前瞻國內教育現場教師在融合教育的需求。另外，謝謝陳文玲組長、執行編輯林怡倩小姐與我就譯述文字及相關名詞的反覆討論。本人不揣淺陋，疏漏之處在所難免，尚祈讀者不吝指正。

參考文獻

Brotherson, M. J., Sheriff, G., Milburn, P., & Schertz, M. (2001). Elementary school principals and their needs and issues for inclusive early childhood programs. *Topic in Early Childhood Special Education, 21,* 31-45.

Cook, R. E., Tessier, A., & Klein, M. D. (2000). *Adapting early childhood curricula for children in inclusive settings.* Upper Saddle River, NJ: Merrill Prentice Hall.

Cutter, J., Palincsar, A. S., & Magnusson, S. J. (2002). Supporting inclusion through case-based vignette conversations. *Learning Disabilities Research & Practice, 17,* 186-200.

DeSimone, J. R., & Parmar, R. S. (2006). Middle school mathematics teachers' beliefs about inclusion of students with learning disabilities. *Learning Disabilities Research & Practice, 21,* 98-110.

Idol, L. (2006). Toward inclusion of special education students in general education. *Remedial and Special Education, 27,* 77-94.

Janney, R. E., Snell, M. E., Beers, M. K., & Raynes, M. (1995). Integrating students with moderate and severe disabilities into general education classes.

Exceptional Children, 61, 425-439.

Klingner, J. K., & Vaughn, S. (2002). The changing roles and responsibilities of an LD specialist. *Learning Disability Quarterly, 25,* 19-31.

Lieber, J., Hanson, M. J., Beckman, P. J., Odom, S. L., Sandall, S. R., Schwartz, I. S., Horn, E., & Wolery, R. (2000). Key influences on the initiation and implementation of inclusive preschool programs. *Exceptional Children, 67,* 83-100.

McQuarrie, N., & Zarry, L. (1999). Examining the actual duties of resource teachers. *Education, 120,* 378-385, 253.

Salend, S., J. & Garrick-Duhaney, L. (1999). The impact of inclusion on students with and without disabilities and their educators. *Remedial & Special Education, 20,* 114-126.

Salisbury, C. L. (2006). Principals' perspectives on inclusive elementary schools. *Research & Practice for Persons with Severe Disabilities, 31,* 70-82.

Salisbury, C. L., McGregor, G. (2002). The administrative climate and context of inclusive elementary schools. *Exceptional Children, 68,* 259-274.

Sands, D. J., Kozleski, E. B., & French, N. K. (2000). *Inclusive education for the 21st century.* Belmont, CA: Wadsworth.

Schumm, J. S., & Vaughn, S. (1995). Meaningful professional development in accommodating students with disabilities: Lessons learned. *Remedial & Special Education, 16,* 344-353.

Scott, B. J., Vitale, M. R., & Masten, W. G. (1998). Implementing instructional adaptations for students with disabilities in inclusive classrooms: A literature review. *Remedial & Special Education, 19,* 106-119.

Stainback, S., Stainback, W., East, K. & Sapon-Shevin, M. (1994). A commentary on inclusion and the development of positive self-identity by people with disabilities. *Exceptional Children, 60,* 486-90.

Wood, M. (1998). Whose job is it anyway? Educational roles in inclusion? *Exceptional Children, 64,* 181-195.

謝 誌

本書是許多教師、學生、家長及行政人員攜手合作的成果。書中這些源源不絕的構想都是從各個融合教育環境的實際經驗彙集而成。

我想要對美國明尼蘇達州的 Eden Prairie 學區（Eden Prairie, MN）致意，衷心感謝他們對於投入融合教育的所有人員的支援與鼓勵。他們的貢獻與想法成為本書的基礎。而關於本書的修訂及更新版本，我要謝謝那些與我分享想法、意見和建議的所有教師、顧問、服務提供者，以及全國的家長們。

我也想向我的家人表達謝意。在撰寫本書的每個階段，Vanessa 和 Melissa 自始至終給我鼓勵，並提供他們的想法。若沒有我的先生 Roberto，就不可能有這本書的存在，他的熱忱與支持無處不在，即使在我寫作遇到瓶頸時。

我要將這本書獻給我的母親 Marlene（1934-1992），當我還是個孩子時，她教導我所有的人生而平等，無論他們的種族背景、宗教或障礙是什麼。

「當這個世界看似巨大而且複雜時，我們需要記住，偉大世界的理想都是從你的左鄰右舍開始的。」

Konrad Adenauer

作者的話

　　在 1975 年，全體殘障兒童教育法案（The Education for All Handicapped Children Act, EHA；即 94-142 公法）通過，規定給所有障礙兒童一個免費的、適性的公立教育。這項法案也同時保證合法訴訟程序（due process）的權利及法定的個別化教育計畫（Individualized Education Plan, IEP），並成為提供特殊教育經費的核心。94-142 公法的通過，教育系統面臨將所有障礙學生納入普通教育的挑戰。該法案還規定，所有學生應在最少限制的環境（least restrictive environment）裡接受教育。儘管法律明文規定，仍出現了兩種教育系統：普通教育及特殊教育。在過去，大部分的特教方案事實上是隔離的型態，現在則被設在同一棟樓裡。為了讓學生回到本地學校（home school）受教，資源教室（resource room）通常與普通班分開設置，它成為最被廣泛使用的安置（placement）選擇。許多學生在某一段時間回歸到普通教育的環境，像是上家政課、體育課、美術、午餐時間或課間休息，或是當學生精熟特定的教育標準時。自 1975 年起，針對提供身心障礙者適性教育方面，教育系統已有相當大的進步，但有待完成的工作仍然非常多。

　　自 1975 年起，EHA 經過了多次的修訂及更新。首先在 1990 年，EHA 於 101-476 公法被修正，更名為身心障礙者教育法案（The Individuals with

Disabilities Education Act），通常稱為 IDEA。此法案的最新修正案是 1997
年的身心障礙者教育法修正案（The Individuals with Disabilities Education
Act Amendments of 1997；即 105-17 公法）。這項法案最新的規定在於引導
學校系統，如何設計及實施特殊教育及相關服務。而最新的重新授權包括
了對相關法規的許多修改。在最新修正案中有些重大的改變，同時也包括
其他的微調，以提供學校在為障礙學生規劃特殊教育時的遵循準則。在這
些修正案中，針對實施特殊教育的程序，最重要的改變包括：學生應參與
州及學區的區域性評量；實施這些評量的方式；家長在決定特教資格與安
置的參與；藉由適當的輔助工具與服務措施，加強障礙學生在普通班教室
及課程的參與；轉銜（transition）的規劃；以自發性調解（voluntary medi-
ation）作為解決衝突的手段；以及障礙兒童的紀律。IDEA 指出，州政府
如欲取得聯邦政府的相關經費，必須提供障礙兒童及青少年法定的步驟與
程序。由於州政府的規定，個別計畫的基礎是建立於法律及最新修正案。
所以，解讀及熟悉相關法規對你將有所助益。這些法規的文件檔可自特殊
教育方案部門（Office of Special Education Programs, OSEP）的官方網站取
得。如欲取得一般性資訊，則可進入國家障礙兒童與青少年資訊中心（Na-
tional Information Center for Children and Youth with Disabilities, NICHCY）網
站，此網站提供教師及家長豐富的資源。兩個網站的網址都列於本書的附
錄中。

　　當今學校裡，在一個異質性班級裡教育所有障礙與非障礙的孩子，像
這樣教育理念的實踐通常被稱為融合教育（inclusive education）或融合（in-
clusion）。融合、完全融合（full inclusion）和回歸主流（mainstreaming）
的名詞經常被互換使用。融合教育使學生有權去行使其基本權利，在最少
限制的環境下接受教育。特殊教育不再強調把障礙學生安置在某個地方，
而是提供他整套的服務，賦予每位學生有能力去體驗成功，以及有最大程
度的參與。這一套為個別學生所發展的教育服務，不再使用通用尺碼的單
一標準來設計。在融合教育裡，當要提供障礙學生連續性服務（continuum
of service）時，普通班通常是安置的優先選擇，即使該學生的個人目標有
別於同儕。當某位學生從普通班被抽離時，該學區必須能證明他的被抽離

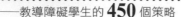
是合理的。

在全國各地，我們的社會變得更加多元化。這種社會變遷的現象也同樣反映在各個學區裡。隨著普通班學生的組成越來越多樣化，現今的學校課程和教材必須被調整（adapt），以幫助所有的學生去適應。

遍及美國各地，各個學區對於融合教育的接納、承諾和實施程度皆有所不同。各學區必須定義出融合教育的理念。普通班教師與特教老師必須攜手規劃，致力於幫助障礙學生去參與及與社會結合（social integration）。它已不再是選擇要不要融合某位學生；融合教育是一種法律的規範！

在西元 2000 年，本書經過了修訂與更新。儘管內容有所增加及擴充，但融合策略的編號仍保持與前一版本一致。關於調適（accommodation）、調整（adaptation）、修改（modification）這些專有名詞，經常在本書中被替換使用。它基於一個前提，所有對課程、教學或實施評量的改變型態，都是為了使障礙學生成為一位成功的學習者。因此，對某位學生來說是調整的，對另一個人而言可能是調適。

本書是以作者的信念為基礎，那就是：

融合教育可以改進現今的教育體制。在融合教育裡，針對障礙學生所做的調整與修改，也同樣使普通班的其他學生受惠。這些策略可幫助所有學生，改善學校課程，使其更具個別化特色。這個教育體制的重點是放在學生的身上，而不是學校的課程。

融合教育能幫助學生更接納與理解彼此。當特殊需求學生被融合在普通班時，對所有的學生都有助益。學生學會接納彼此，把對方當作是社會上有貢獻的一份子，不管其能力或限制如何。

融合教育鼓勵教師之間的合作。普通班教師與特教老師由於所受訓練及經驗的不同，各自擁有豐富的專業知能。然而在過去，他們難得有機會分享這些知識。經由融合教育的推動，現今的教育體制不再是有個別課程和目標的兩種分離系統。融合教育讓教育團隊的所有成員同心協力，為共同目標而努力，一起工作並分享知識。

融合教育並非是一時的流行。它是法律的明文規範！身心障礙者往往在我們的社會裡被低估其能力。大量的時間與精力被耗費在測驗、分類和

標記之中，而我們時常會藉此證明特教服務、隔離和排斥的正當性。有許多是我們彼此可以學習的。藉由知識與專業的整合，在家庭與學校人員之間建立合作的夥伴關係，其結果將是為所有人改進教育的體制。

「我們能夠做任何我們想要做的事，假使我們堅持得夠久。」

Helen Keller

「讓我們做一個自豪的國家，一個為我們所有的孩子負責任的國家。」

Judy Heumann

前 言

　　融合！當你看到這個字，它是否帶給你興奮和冒險的感覺，或是否讓你害怕、焦慮和擔心？我相信，「融合」這個詞可能混合著正面與負面的感覺。但不論你的感覺為何，放心，所有教師都曾在某個時候經歷過相同程度的情緒。融合概念讓人聯想到的強烈感覺，往往和把學生融入普通教育的環境沒有直接的關係。大多數教師堅信，障礙學生的確屬於普通班，而且和同儕一樣，有權接受適性的教育。許多指向融合教育的強烈感覺往往是與轉銜過程中，以及如何有效管理轉銜階段有關。這麼多年來並存的雙重教育體制必須要融合；這是個緩慢的過程，而且它不會自動發生。它可能花費相當多的時間、要投注大量的精力、對改變有渴望，以及最重要的是秉持堅定的內在信念，即是融合教育真的要給所有學生最好的教育。

　　本書的重點聚焦於如何展開障礙學生在普通班的融合方案實務。以全國各校已經實施的融合方案及課程調整為發展方案的手段，所有的學生都能受惠。在今天的班級裡，這些調適也同樣可幫助那些符合 Title One、Section 504 法案資格而接受服務的學生；以及那些沒被貼上標記，但僅需要使其成功的額外支援的學生。

　　本書共分為三部分。第一部分包含發展及實施融合方案的構想。實施階段對於融合教育的成功非常重要，可惜這方面往往被忽略。如果某個學

校的融合計畫已就位，這部分所包含的豐富構想可用來幫助學校改善和（或）擴充現有的融合環境。

本書第二部分包含數以百計，可用來修改和調整課程的構想及策略。這些構想對於所有普通班的學生都有幫助。許多列出的構想適用於所有領域的課程。修改和調整的名詞在本書中被交替使用，就像對某位學生而言是修改，可能對另一個人是調整。

為了讀者使用方便，這些構想被逐一編號。你可在規劃融合方案時寫下你想嘗試的策略號碼，這麼做將幫助你快速參考，並將實施的結果記錄下來。在你為個別學生擬訂融合計畫時，編號將會節省你的時間和力氣。一旦做了某種改變，在工作日誌中記下實行的結果。經過幾週後，再增加一個新策略。假使某個構想看似對個別學生沒有幫助，則嘗試另一個。記住，既然所有學生都是獨一無二的，在某位學生身上證明是成功的策略，未必對另一位學生有效。每次只實行一或兩個策略，並在決定該策略是否適當之前，先確定該位學生有足夠的時間去適應。假使一次實行太多的改變，會難以分辨哪種策略或策略的組合對他最有效。某些學生很容易適應改變，而同時其他學生則需要更多的時間。

每當學校課程被調整或修改時，製作一份檔案然後將資料保存以為將來使用。決定一個可將這些資料副本編目並儲存的重要角落。它可能出現在校舍的某一層樓，這個重要的角落將會變成普通和特殊教育教材的資源區。某些學區會設立一個資源中心，這將使得教師和支援人員能分享整個學區的資料。還有，要去找尋可利用的資源。聯絡學校所採用教科書的出版商，以查看是否有適合的補充教材可利用；與其他學校的教師建立良好的人際網絡，在製作你的教材有聲書之前，先查看他們是否有複製版本；製作有聲書時，在社區裡調查看看是否有能夠提供協助的成人義工。

書中最後的部分包含一份附錄，提供可供複製的表格和用來協助融合教育推動的資源。你可直接以這些表格在書中所呈現的樣貌來使用它們，或改編它們以滿足你的融合方案的個別需求。附錄中還包括全國性組織一覽表。這些機構通常專長於特定的領域，而且能解答問題或幫忙轉介到適合的機構；他們往往提供價格低廉（有時是免費的）的資源供讀者利用。

祝福你的融合方案好運！你會讓許多人的生命有所不同。

「過去無法被改變。未來仍然在你的掌握中。」

Mary Pickford

「如果你認為自己太渺小缺乏影響力，顯然你從未與蚊子同床共眠過！」

Michele Walker

第一章

準備開始你的融合方案

　　你曾經想要實行融合教育方案（inclusion education program），卻毫無概念不知從何開始嗎？你曾經想將某位學生融入普通班，但礙於課表安排的困難而無能為力嗎？當某位學生應被融入班級，你卻多次遭遇沒有支援提供的困難嗎？這些都是教師們的共同關切。融合的教育環境不會這麼剛好就發生了。一個方案的適當執行需要花費相當的時間、準備及周密規劃。無論你在初步的規劃階段，或已有一個成功的方案就定位，你都會在這一章找到可幫助你發展所有階段的方案資訊。

　　就理想而言，融合方案要在春季規劃，為即將來臨的新學年預作準備。在春季時規劃，可事先進行學生的編組、挑選參與方案的教師。而在新學年開始時，所有學生都準備就位了！這是一種理想的狀況，但現實並非總是如此。學校教師們往往在秋季時返回學校，然後就被要求去執行某個方案，由於學生的分班已事先決定，這樣的情況會使得融合方案的推動更加困難──但並非不可能。在秋季一開始時先從小規模的方案著手，針對少數幾位學生執行幾項策略，或把方案的焦點放在聚集特殊學生最多的年級或科目。假使某個融合方案已就定位，普通班教師與特教老師會發現許多可推動和擴展現有方案的構想。

　　本章描述如何在一個友善的融合環境裡執行基礎的方案計畫。如果學

1

校還沒有一個擬訂的方案計畫，在將融合概念介紹給整個學校之前，先以一個有行政支援的特教團隊（special education team）來開始運作本書所建議的策略＃1到策略＃27。對於學生本身、他們的需求及可利用的支援，先有一個實際的概觀，這項工作對學校特教人員而言是非常重要的。切記這點，融合方案的設計不僅需要滿足學生的需求，還要針對校內可利用的教師與輔助性專業人員（paraprofessionals）（如教師助理）的人數條件來設計，這就成了方案的基礎所在。在理想情況裡，學校對於預算、人員和支援性服務的編列應沒有限制。然而，現實世界裡，融合方案的基礎被架設在可利用的校內資源上。所以，有必要讓特教老師和行政人員一起為融合方案打下最初的根基。普通班教師通常並不參與此階段的過程。這個理由很簡單，普通班教師對於學校會提供個別班級多少直接／間接服務與支援已有些認識，但他們通常無法想像整個方案的樣貌，我們也不應去要求他們。因此，融合方案的資訊需要由特教部門負責蒐集、分析和彙整。一旦基礎鋪設好，接著就是把計畫介紹給學校其他教職員的時機了。在此刻，可能會有計畫上的改變，但這些改變是在已建立的基礎內產生的。本書末的附錄包含一些可用來協助你組織融合方案的表格。

 ## 發展融合方案計畫

　　每個學校的系統都是獨一無二的。或許你在一所大型學校任教，那兒有許多特教老師、專家和後援人員；或者有可能是一所小型學校，你是那兒唯一的特教老師。無論學校是大或小，都需要一個融合方案計畫。在人數密集、擁有特教部門的學校裡，往往當其他學生還留在自足式環境（self contained environment）時，會有幾位特教老師選擇將學生轉銜至融合的教育環境，並提供相關服務給稍後轉銜的學生。有些學校選擇一次為所有學生進行轉銜，還有其他學校偏好從最低年級開始推動融合，然後每年增加一個年級。所以，融合教育是一種需要改變教育系統結構的歷程。

　　不管融合教育是小規模地實行，或是和全部特教工作者一起推動，現在就是開始的時機！這個過程的第一步是去發展一個計畫。校內特教部門

通常是此計畫的創始者。雖然融合教育的參與包含全體教職員，但特教部門人員一定要先判斷此方案的整體需求。地基要先鋪設好。這裡有幾個需要思考和討論的問題：融合的願景是什麼？目前學校有多少學生正接受特教服務？你希望讓少數或多數的特殊學生來開始此一方案？有多少可利用的教師助理能協助支援這些學生？這些學生如何被安置到有足夠支援的班級？這些學生該如何被編組？要如何提供他們連續性服務，並且由誰在融合班級之外提供服務給他們？我們會遭遇什麼阻礙？這些都不是容易回答的問題。

　　首先，這個計畫必須符合這些學生、全體教職員及家長的需求，並結合該學區的教育理念。由於個別學生的獨特需求及日課表讓每個融合方案看起來都不一樣。假如學校已存在一份發展方案的簡易藍圖，那就太美妙了，但實際情況永遠不是這樣。各學區往往會花費大筆經費給諮詢顧問，以協助發展個別方案。聘請諮詢顧問自有其利。一開始，顧問可提供一些與學校背景相似，已開發成不同模式的案例。由於顧問與各個學校體系之間並無直接關係，所以議題可以被客觀的提出。但最終一些最成功的融合方案都是由全體教職員在觀摩區域學校，與顧問合作和彙整所有資料之後發展出來的。所謂的「專家」，就是那些在學校工作，並與學生有日常接觸的人。這些融合方案成功的原因很簡單。教師、支援人員及家長了解學生的需求和學校特有的生態，這對方案發展有強烈的影響力。無論你是個人或是校內推動融合委員會的一份子，從今天起你就是一位專家了。沒有人比在校內工作的教職員，更清楚學校的氛圍、學生或人員動態了。

　　為了要有個好的開始，學校著手處理融合教育的方式很多。在某些學區，可能有些準備好了的教師會針對單一年級或科目來發展和實驗某個融合方案。而在其他學區，也許學校委員會發展一項全校性計畫。無論你是單槍匹馬或是委員會的成員之一，接下來的指導原則可協助你，針對校內環境的需求，量身訂製一個融合方案。本書附錄的表 1（見第 116 頁）提供本章下節的內容概要。

1. 開發一個願景。請思考下列問題：什麼是一個理想的融合方案的面貌？

在一個月、三個月、六個月之內，你想要達到融合過程中的哪一個階段？你的長期目標是什麼？切記，在將學生融入普通班級時，有些學生需要連續性的服務。在融合教育中，第一選擇是最少限制的環境（通常是指普通班），而只有當此教育環境所提供的服務（諮詢、調整、教師助理人員的聘用）無效時，才會將學生移到一個有較多限制的安置環境裡。

2. 列出你在校內推動融合方案的好處和可能遭遇的阻礙。附錄的表 2 列出一些可能的好處與阻礙。利用這份表格再加上額外補充的項目，或在表 3 中自行創新，然後比較你所得到的答案。

   注意：稍後在你將此訊息介紹給全體教職員時，請使用附錄中的表 3。校內教職員的反應通常與特教部門人員相似。當你與校內教職員一起完成這項行動時，你會獲得不少可以克服困難和阻礙的建議。表 3 也可被個人使用，或作為蒐集團體反應的投影片。

3. 參觀這一學區裡已實行融合方案的學校，以行動來觀察這些計畫。與教師、提供特教服務的人員及參與的教師助理交談。請作筆記！學習他們的經驗。切記，往往一個負面經驗加上一些改變就可以變成正向的學習。打電話給你那一州的教育部門，以查明哪些學區正進行實驗性方案，或者哪些學區已獲得執行方案的補助經費，安排參訪這些學校的時間。另外，詢問當地大學有關現行方案實施的情況。大學通常都會獲得發展訓練方案的補助經費。通常這些方案會以最少的費用提供給各學區購買。

4. 閱讀當前的學術研究、期刊文章或與融合教育有關的書籍。搜尋網路資訊；一些搜尋的關鍵字如：Special Education、ERIC、Inclusive Education，或者你可搜尋某種特定的障礙。在搜尋某種特定障礙時，你會經常進入與該障礙相關的國家級機構。這些機構擁有極豐富的資訊，而且往往可以連結到相關的網站。假使你發現一個優質的網站，立即加上書籤，否則你可能再也找不到它了！你可透過美國教育部或你那

一州的教育局取得更多的資訊。本書的附錄內包含了補充書籍、資源，以及可協助你的組織、團體名單。

5. 當你完成策略＃1到策略＃4時，便是發展你的學校計畫的時候了。你心懷憧憬，也發現了未來要克服的阻礙，你明瞭鄰近學校及學區的現況。大量的資料已蒐集妥當，為方便將來查詢，你可以將資料彙編到三孔資料夾內。

 ## 學生的分組

由於接受特殊教育的學生人數增加，以及人力與經費資源的受限，最可行的選擇是將學生分組。很顯然地，學生必須被謹慎分組。為了做到這點，先鎖定一個年級或科目。如果這個時候，你是唯一在推動融合教育的教師，就要以相同年級或科目的一大群學生為融合的對象。同年級的多數學生比起不同年級組成的小團體，會讓方案的運作更容易。如果整個特教團隊正朝向每個班級都提供服務的方向前進，就要決定如何分配個案量。如果以年級來分配，個案人數將無法均等。要切記的是，教導同年級裡的十八位特殊學生（只去掌握一項課程），要比教兩個年級裡各五個學生來得容易多了。每位教師應儘可能教最少的年級數和科目。同時教好幾個年級或不同班級時，教師的課表必須交錯地安排，以便學校的支援能穿梭於不同年級或科目。

往往融合方案的難以管理，是導因於這些學生被個別安置到各班。當每個班級只安排一位學生時，就沒有足夠時間與普通班教師諮詢、提供學生充分的調適，或滿足個別化教育計畫預先決定的服務量。即便有些人批評，將學生分組並不能給予教育工作者方便。但學生一定要被分組，因為學區沒有足夠經費雇用數量充足的人員來支援各個班級裡的單一學生。在考量學生安置時，不要以學生的障礙類別來分類。你不會希望在普通班設立一間資源教室（resource room）。考慮使用跨障礙類別的分組方式。以下是一些跨障礙類別的分組範例：

＊一位有高度特殊需求的學生（在個別化教育計畫裡證明需提供教師助
理服務者），可以和只需課程調整與極少協助的特殊學生安置在一起。
當教師助理在幫助這位有高度需求的學生時，也能同時提供其他學生
協助。

＊只接受數學輔導服務的學生有可能被分成一組。

＊如果某位行為偏差的學生適合擔任同儕小老師（peer tutor），那麼他
可以和一位需要極少協助的學生，或和一位學業表現低於該年級程度
好幾年的學生安置在一起。

＊一位有輕度／中度認知遲緩的學生（需要替代性課程者），可能與一
群只需針對其閱讀與寫作課程做修改的學生安置在一起。

　　分組是依照每位學生的個別需求而定，而需求則由其個別化教育計畫
來決定。偶爾會發生某位特殊生必須安置在個別教室的情況。無論如何，
跨障礙類別的分組方式對大多數學生是有效的。

　　在發展融合教育方案的過程中，實施階段被視為最重要的部分之一。
可惜的是，這也是最大的挑戰。就理想的融合環境來說，學區應有人數充
足的教職員，在不分組的情況下來服務全體學生。但這發生的機率極小。
當學生經過分組，特教人員在班級裡將有更多的時間，這會導致更適當的
調適，及增加對個別學生的協助。當學生們邁入融合計畫的第二年時，有
些人需要更多的支持，而其他人則不需要，因此分組狀況可依此來調整。

　　在進行學生分組時，有一位行政管理者在旁監督是很重要的。這位行
政管理者對所有學生有一個大概了解，而且他往往熟悉孩子的機密資料，
或清楚會阻礙特定學生的特殊狀況。

　　在進行學生分組之前，將每個人的名字寫在便利貼上──名單可容易
黏貼在黑板上以便重新排列組合。在最後決定學生的安置之前，多試驗幾
種不同的組合方式。務必記住，不管是普通教育或特殊教育群體，大概都
無法出現完美無缺的分組，因此，應尋求可管理的分組方式，將自己定位
為級任導師。如果某種學生的組合在特殊教育的安置環境難於管理，那麼
在普通班的教育環境也勢必有其困難。下列建議提供一些分組的指導原則。

試驗不同的組合方式。再次提醒，不要用障礙類別來組合學生。

6. 檢閱每個學生的個別化教育計畫。找出學生的長處。在檢視個人檔案時，寫下個別化教育計畫裡所記錄的服務範圍、時數和教師助理的總服務時數。當你在發展融合計畫時會需要用到這些資料。利用附錄的表4和表5。

7. 將每個年級的這些學生盡可能分配到最少的班級數。依照學生的需要而定，建議每一班安置二到五名學生。隨著分組到普通班，溝通增加了，直接服務量也將如此。在一個班級裡給一名學生十五分鐘，還不如給四位學生一個小時來得有效果。較多的時間將允許普通班及特教老師保持更多的教學彈性。

8. 在為學生分組時有些不同的考量，考慮的項目如下：
   ＊學業需求
   ＊閱讀程度
   ＊學習風格
   ＊數學能力
   ＊解決問題的能力
   ＊做功課的習慣
   ＊組織技能
   ＊行為目標
   ＊科目或課程領域

9. 當以學生的閱讀程度來分組時，切記，如果那些需要最少調整的學生並不需要教學，他們也許可以和一名教師助理一起學習。利用附錄的表6和表7來協助你為學生分組。

10. 如果情況適合，將那些接受適應體育、語言治療、職能治療、物理治療或其他相關服務的學生們聚集在一起。這些服務往往在不同地點提供，當學生被集合在一起時，相關服務之間的協調就比較容易，普通

班教師經常能在支援服務的附近安排學業性課程。如果有可能，將相關服務併入普通班的教育環境裡。例如，把職能治療的服務與寫作時段合併，或併入小學階段的寫字課裡。擔任適應體育的教師或許能給予一般的體育教師協助，或一起合作教學。進行語言治療的治療師可在語文課中，藉由幫助孩子組織思考，或針對特定的字彙練習等方式給予學生協助。

11. 聚集那些需要每天監督其組織技巧，或是那些參與方案需要每天報到或檢視其課程的學生。要記住，當一起工作的教師數量減少時，則溝通的時間增加了，對每一位個別學生而言，它導致一個更好的、更貫徹的課程。

12. 那些處於合法訴訟程序的學生，應該被編入同一個班級（如果初步資料建議他們具備合格條件）。

13. 檢閱新學生的安置檔案。如果對檔案有疑問，將該學生分配到某個班級之前要先電話聯絡原就讀學校。

教師助理的工作時間表

此刻學生已試驗性編到各個班級，這時候該決定分配給每組學生多少教師助理的時數了。常聽到的意見是，「顯然我們沒有足夠的教師助理，可提供這些學生充分的支援」。當學生未被分組，教師助理被分配到各班的時間相當短。在許多實例裡，當教師助理到達時，普通班教師正在指導學生或是上課。假使沒有把額外時間加入教師助理的課表，最後的結果往往是對學生支援的失敗。因此，保持彈性是非常重要的。

當學生被分組，而且教師助理被策略性地安排在各組時，將可提供學生更直接的服務，這導致了支援的增加。融合方案的設計必須根據個別化教育計畫裡，預先決定教師助理時數的配額來規劃。另外，一定要提供特教老師充足的時間，來和教師助理及普通班教師進行每天的協調工作。當

每一個環節裡參與的人員越少，融合方案就會變得越有成效。溝通是融合方案成功的關鍵所在。

　　教師助理的制度對於融合教育必不可缺。在許多學區，教師助理的人數甚至超過了特教老師。這些成人努力地工作，他們服務校內許多最複雜、最具挑戰性的學生。但是，他們往往不受監督而且接受的訓練有限。教師助理提供服務與支援給個別學生或群體，這其中可能包含再次教導孩子學過的技能，提供學業、社會及情感的支持，以及用個人的關懷幫助學生。由於教師助理的角色並非代理教師，在決定教師助理的服務量時，要牢記下列所述：

14. 小心謹慎地考慮教師助理的服務時數。將有特定高度需求的學生分派給教師助理，並策略性地安排到其他學生可同樣受惠的班級裡。

15. 對於那些需要每天調整作業、課程支援或是接受再教學的學生，安排他們與教師助理一起學習。教師助理不能進行直接的原始教學，但可以提供再教學和加強學生之前學過的技能，對學校課程做調整（在普通班教師或特教老師的指導下），以及對每天的作業給予支援。

16. 如果在教師助理的課表裡有些開放時段，將它標明為「彈性時間」。一旦融合方案被執行，普通班教師可利用這些時間給有特別需求的學生額外支援。這樣一來，對學生的支持將可延伸到其他的課程領域。某些學校已制定某個時段和安排特定教室來當作支援教室（support room）。這間教室的工作人員通常是自願性的。有些學校則讓特教老師、普通班教師及教師助理輪流值班。另外有些學校則配置家長義工的協助。任何需要額外支援或測驗的學生都可以使用這間教室，這麼做將能幫助所有的學生，而不只是那些有特殊需求者。

17. 日課表的彈性安排在某些學區是奏效的。教師助理每週被雇用特定的時數。這些時數會隨著學生的需要來使用，而且可以在日常基礎上做些變更。如此將增加融合方案運作的彈性。這對於每天被雇用二至三小時的教師助理是很有效的。有些學校會因為某個特定方案或校外教

學的需要，允許教師助理可以「抵銷」他們的服務時數。一些較幸運的學區則有備用經費，可依學校的實際需要來增加教師助理的時數。向你的學區查詢是否有任何關於課表安排的選擇。

18. 每天至少安排十分鐘給普通班教師和教師助理開會和規劃。教師助理是合作團隊裡不可缺少的成員。在本書的資源部分列出許多特別針對輔助性專業人員的建議書單。*Inclusion: An Essential Guide for the Para-professional* 是此系列專書裡適用於教師助理的部分。

19. 為教師助理發展一種試驗性課表。此課表應包含融合方案所要求的總時數。這些時數與個別化教育計畫有直接關係。如果有教師助理的額外時數可供利用，要以一個團體來決定額外服務的需求所在。記得將諮詢時間包含在教師助理的課表內。附錄的表 8 將有助於計算教師助理的服務時數。

◎ 安排學生的課表

現在應該來檢視融合方案的日常結構。針對融合方案所選擇的年級或科目，將這些學生的課表影本蒐集起來。在融合方案開始之前，多閱讀幾次以下有關學生課表的概念。以一個群體為根據，來討論在個別環境可行的課表類型。查看附錄的表 9 所提供的範例，以獲得一些概念。表 10 是一張空白表格，它可提供那些不知如何著手的讀者一個基本架構。

要記住這是一個初步的課表。一旦普通班教師自願分擔融合方案的部分工作，將會有其他變更，但往往這些變化會在參與的個別教師之間被解決。

20. 大多數學生接受閱讀及寫作時段的服務。在課表上交錯安排這些時段是很重要的，特教老師可因此有空提供直接服務給融合的班級。這裡有一些範例：

＊假如兩個班級有相同的閱讀和語文課時段，考慮把和教師助理一起

學習的學生聚集到其中一個時段,而安排特教老師到另一個時段。倘若沒有教師助理的時間可以利用,則這兩班(或更多班)的級任導師和特教老師必須找到一個時間是對兩班的學習都有利的。

＊中學階段的閱讀和寫作會影響學生在大部分學科的學習。要以交錯的方式安排上課時段。一旦普通班教師自願,或是被挑選在融合班級擔任教學,他們多數會選擇與特教老師合作規劃課程,並以團隊方式來運作方案。團隊合作呈現許多不同的形式。往往,正當其他人可能在規劃一個大型團體活動、忙著做個別的專題計畫案或播放錄影帶、影片時,這時可由某位團隊成員和特教老師合作規劃某一節課。於是直接教學與團體活動就可以輪替進行,這將提供學生更多支援。當事先做好此決定時,課表就可被對應地規劃出來,也因此增加了融合方案的彈性和直接服務的時間量。特教老師和教師助理也可隨著實際的需要,在各個班級之間交替地工作。

21.非常重要的是,特教老師或教師助理在一開始教學時就要參與。往往,教職員們會覺得這是浪費時間,因此,他們並未將這些額外的時數排進學生的課表裡。但是,這段時間有其好處的理由如下:

＊它容許普通班教師有最大的彈性去監督和調整學生的課業。當普通班教師的上課內容有所改變時,他們不必在事後對特教老師解釋。

＊特教老師也同樣能夠決定自己的教學風格,而且如果需要的話,可以決定再教學或是簡化教學的方式。

＊在團體情境之中觀察學生是最適合的。

22.決定接受數學服務的學生人數。如果學生因為數學學習的需求被分成一組,也許可以將這些學習目標相同的學生安置到同一個班級,然後合作教學此一科目。如果學生不是因為數學學習的需要聚集一起,則可以有幾種不同的選擇:把特殊教育的時間分配給兩班來共享;將那些在個別化教育計畫內,需要擬定數學目標的學生編到同年級的某個班級;利用教師助理的時間,以包括各組學習範圍的方式來協助他們。通常中學階段的個別化教育計畫裡,包含數學目標的學生要接受基礎

的數學課程。如果這是一種選擇，則此一課程可採用合作教學的方式
來進行。

23. 決定學生在學校上課的整體需求。大部分的學生以往在閱讀、寫作、
數學及說話／語言分別接受相關的服務。這四個領域會影響學生在整
個上課日的學習成果。要將特教相關服務合併到適當的學科時段裡。

24. 在課表中創造出一個彈性的「空白時間」。它並不需要一段很長的時
間。普通班教師在有需要的時候可活用此時段，例如放入他們的專題
計畫案、課程或隨著他們的需要來替換測驗程序。這個時段還可以用
作預備工作、觀察或測驗的時段。通常特教老師並未排定午休時間，
因為他們的工作需要去適應許多學生不同的課表。午休在一天中是必
要的。如果實際情況是如此，和普通班教師們談一談，然後決定課表
如何替換或是輪流，以便在課表裡提供特教老師一個明確的休息時間。
小學有特定的午休時段，而特教老師也同樣需要這麼做。

25. 每天安排固定時間，可在學校開始上課之前或放學之後，與每位普通
班教師開會。它可以是一個非正式安排，可在這段時間內討論每天的
教學計畫如何變更。你將會很訝異，有許多事情可以在五分鐘內討論
完畢。由於許多特教會議都在學校開始上課之前舉行，務必確定有明
確的結束時間，並徹底地實施它。假使普通班教師與特教老師之間缺
乏溝通、協調，將會造成融合方案的快速惡化。
由於融合教育方案的實施，教師們被期望使用他們從未碰過的合作方
式。找出談話的時間不僅重要，而且它可被用來傳達個人想法和要求
方式。大部分的教師並未受過監督其他成人的訓練，然而在這個新的
教育系統裡，教師們所擔負的責任往往不只監督而已，他們還必須參
與教師助理的評鑑工作。在這一方面，學校也許會有推動教師專業成
長課程的需要。

26. 教師專業成長是很重要的課題！尋求更多的構想，如何將特殊教育融
入普通教育的環境裡。一些簡單的想法可能包括了每週對著全班朗讀

幾次、參與特別的專題計畫案、班級獎勵或校外教學。隨著普通班教師參與融合程度的增加，學生們將會把特殊教育視為班級不可缺少的一部分。

27. 設法排定每天的準備時間。這個時間在中學階段比較容易安排，因為各個班級會在特定的時段上課。而小學部分的實施就比較困難，因為小學的上課日並沒有這些自然的區分。假使你無法為融合方案排定出一個預備／試驗的時段，那麼可以先在學生的課表有空檔時，徵求普通班教師的建議。學校經常會出現一些非計畫性活動，而它們並不需要特殊教育的服務；當你事先注意到，這個時間也許能被分配成為預備或試驗的時段。更多預備及試驗的時段往往會發生在團體活動、影片欣賞、演講、參觀、藝術活動或特別節目時。

 ## 提出融合計畫

恭喜！這個融合計畫已經準備好，它可以被提出來了。這個計畫包括：

＊融合方案的願景與目標
＊它的好處及可能遭遇的阻礙
＊為融合對象的學生分組（少數或多數學生）
＊要使融合計畫產生效果，所需要投入的工作人員和教師助理數目
＊所選擇的年級或科目的班級課表

這就是融合方案的基本計畫。仔細地閱讀它，並加入任何最新、相關的資料。現在是將計畫呈現給校長或督學的時候了。用書面形式提出計畫的大綱。要包括所有預先蒐集好的資料：好處／阻礙、教師助理的工作時間表、可能的學生分組方式和課表。附錄的表11概述在提出計畫時可能包括的資料。假使特教老師手邊已有這些豐富的資料，就能胸有成竹地回答許多可能出現的疑問了。

一旦學校行政部門批准此項計畫，便是將融合教育的大概內容及初步

計畫介紹給全體教職員的時候。首先決定由誰來介紹這個計畫：負責特教服務的部門、行政主管或是兩者的組合。通常學校會邀請負責特教服務的主管或協調者參加第一次會議，以答覆與會者對相關法規問題的疑惑。

雖然特教團隊已為此會議花費相當多時間做準備，但對普通班教師來說，這是他們首次的訊息接收階段。雖然在初次集會中會有些一般性問題被提出來，但大多數教師需要在問題產生之前先處理過這些資訊，去深思融合對他個人狀況的衝擊性。所以，應該安排後續會議來解答這些特定問題。

在此刻，全體教職員都將意識到，身心障礙學生、特教老師、教師助理及諮詢專家都將成為積極參與普通教育環境裡的一份子。整個學校都會受到某種程度的影響，但需要面對最大挑戰的是直接投入方案的普通班教師和特教老師。

現在一個重要的問題來了！普通班教師是自願參與融合方案，還是由行政單位挑選出來呢？儘管兩種方法皆為可行之道，但態度對於融合方案的成功經常扮演關鍵的角色。一個積極的態度對於任何新方案的成功有其決定性。常常，在融合方案推動過程中所遭遇的消極態度，並非與提供服務給特殊需求的學生有直接的關係，而是與個人如何回應及承受變化有關。那些喜歡開發新方案，並勇於抓住機會去執行的人，其實占少數的百分比。這些人喜愛挑戰，對於嘗試不同的新事物感到興奮。而其他人則可能抱持觀望的態度，他們在投注個人時間與精力之前寧可先觀察，並確認方案有效且對學生有利。這樣的人偏好看到融合方案已進行，才願意跟上腳步。更有些人由於即將面臨退休、生涯變動或未能分享的私人因素，並不希望有所改變。

以下所敘述的前提基於：當參與融合方案者被徵詢而自願加入前，直到本書描述的策略＃34之前，被定為融合目標對象的整組教師都是計畫階段的一份子。例如，如果某個融合方案設定的目標年級是三年級，那麼三年級的全體教師都得參與執行方案到策略＃34為止。一旦完成策略＃34之後，將只有自願者或被選上者須繼續參加。全年級的參與非常重要，因為不管大家是否直接參與融合計畫，都將對整個年級產生一些影響及變化。

例如，如果整個年級在上午都有閱讀課，某些班級就必須願意把閱讀課調整到下午，特教部門才能提供服務給參與融合方案的所有學生。根據參與融合方案的目標教師群而定，你將需要監督和調整以下的構想。

28. 與那些參與融合方案的教師們開會。此會議應包括所有提供服務給被選為融合對象的人員。列出最新的問題及想法。嘗試對不同的問題找出答案，並將大家的構想納入計畫之中。若沒有現成的融合教育藍圖可遵循，就可能得不到最終的解答。

29. 使用你的行政領導者或督學所提出來的指導原則，從這群被定為目標的教師中挑選二到三位教師，檢閱修訂的計畫版本並做進一步更正。

30. 用開放的態度來接受任何新的想法和建議。其他人會從你可能沒想到的觀點，添加他們寶貴的智慧。融入這些構想和建議。做必要的變更以修訂融合計畫。

31. 至此，融合計畫已被修正數次了。將最後的草案呈現給參與計畫的目標教師群。再次討論融合教育的好處和可能遭遇的阻礙。分享任何從別人那學來的創意方法，或者閱讀可以幫助你克服其中某些阻礙的相關書籍。

32. 此刻融合方案計畫已完成。提出那份已設計好要提出的時程表。

33. 教師們必須體認，要為每天增加學生的融合時間而給予承諾。普通班教師和特教老師雙方需要頻繁地進行諮詢和共同計畫，尤其在融合方案的執行初期。一旦融合方案已執行，參與的教師們互相認識了，則他們在計畫階段中每次會面所花費的時間也許將減少，但仍然必須經常舉行相關的會議。

34. 給予普通班教師充分的時間來討論融合計畫。準備好再開一次會，討論任何普通班教師所關心的事項，或是另外出現的問題。在第二次開會時，要求教師們考慮是否想要參與下一學年的融合方案。

35. 此刻是要求自願者參與融合方案的時候了。一旦某位教師自願去做，
這位老師對融合方案的成功就許下承諾！承諾是很重要的！
假使招募自願者並非可能的選擇，行政部門則需要決定融合方案的參
與者。

36. 堅持每位學生都有權利被融入普通班的信念，保持積極、熱情的態度，
帶著幽默感和願意改變的態度，這些都是打造成功融合環境的關鍵因
素。

在職進修和訓練

參與者的態度對融合方案的成效扮演著重要角色。為了要讓一個成功
的融合教育方案發生，所有教師一定要充滿熱忱，並準備好去實踐改變。
和任何改變聯想在一起的往往是恐懼，是一種對未知的恐懼。所以，當有
任何的全校性改變時，訓練就成為融合方案最重要的部分。

在職進修和訓練方案可利用不同的方法來執行。多數的大學現在都提
供與融合教育有關的課程。也有許多諮詢專家設計相關的訓練方案，以滿
足個別學校的具體需求。你可聯絡當地大學或州政府的教育部門，查詢相
關課程是否提供及可利用性。在本書的資源部分裡，列出能被用於教職員
成長課程和訓練方面的資料。拍攝教職員成長課程的錄影帶，在方案的執
行初期需要一個實質的投資，這些錄影帶能反覆被使用於大、小型團體及
新進教職員的介紹活動之中。

為了要提供適當的訓練，必須先決定全體教職員的需求。校內的訓練
應適合教職員和個別學校的具體需求。

37. 針對全體教職員進行調查。本書附錄的表 12 是一份調查表的範例。此
調查將有助於你評估校內的需求和所需關注的事項。設計在職進修課
程來滿足這些需求。別忘記調查那些在學校負責提供學生交通、餐飲、
保管服務的工作人員，及負責監管校門和操場安全的人員的看法。和

每一組工作人員個別會面，並針對校內不同環境答覆相關問題，這對於每位特教團隊的成員都有其助益。

校內在職進修課程的發展，也許可從經常被提出的一些問題裡獲得靈感。

融合教育的概觀

＊什麼是融合教育？它與回歸主流有何不同？

＊為什麼融合教育是重要的？

＊聯邦政府與州政府在融合教育的相關準則是什麼？

＊學區的教育理念是什麼？

＊我們應該如何將學生融入普通教育的環境裡，以滿足他們的所有需求？

合作

＊什麼是一個有效率的團隊？

　我們如何藉由合作來組織一個有效率的團隊？

＊在一個有效率的融合環境裡，每個人所扮演的角色與擔負的責任為何？

＊哪些不同的教學模式適用於一個合作環境？

＊我們如何能巧妙安排出更多的時間來共同計畫？

＊我們如何在一個合作環境裡增加溝通協調的機會？

修改和調整學校課程

＊什麼是調適？

＊我們該如何去調整和修改學校課程？

＊調整和修改之間有何不同？

＊當普通班教材與學生目前表現的程度之間存在著巨大差距時，學校課程該如何被調整？

＊誰要負責調整及修改學校的課程？

17

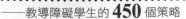

在普通班級裡的教師助理

✽ 教師助理在普通班級裡的角色和責任是什麼？

✽ 由誰來負責指導教師助理？

✽ 當教師助理在班級時，誰來負責為普通班裡的學生制定和執行紀律準則？

✽ 如果學生在某堂課缺席，教師助理的責任是什麼？

✽ 要如何將計畫融合的時間排入教師助理的一天工作裡？

✽ 在評估學生表現時應該採納教師助理的意見嗎？誰應該負責評估教師助理的工作表現？

在所有的融合教育方案裡，在職訓練是一個很重要的部分。雖然這一章強調在職訓練的重要性，但它應在任何需要的時候都被提供。並非所有在職訓練都需要針對全體教職員而安排。很多情況是當有需要出現時，就可採用小組研習的方式來實施。

建立一個融合班級

一旦計畫開始運作，需要重新安排普通班空間，以考慮新加入者的適應狀況。一個融合教育環境能否建立，將取決於在普通班所出現的教學類型。

為了使一個團隊能成功地運作，所有的團隊成員必須秉持一個信念，團隊教學將提供更有效率的教學環境，它能讓所有的學生都受惠，而不僅限於那些有特殊需求的學生。幾種可以幫助專業人員彼此合作的個人特質，包括了保持彈性、具備專業精神、渴望與他人共事的態度及相互尊重，當然還要保有幽默感。教師們處在一個團隊的狀況下，必須能夠彼此傾聽、有效地溝通，並對學生抱持著共同的目標和期待。

在融合班級的教學型態主要有三種：團隊教學（team teaching）、支援教學（supportive teaching）和補充教學（supplemental teaching）。這三種

教學模式有幾百種變化，而且視其所運用的資源不同，可能以不一樣的名稱被提及。本書將針對我們的用途，使用團隊、支援和補充教學的專有名詞。這些專有名詞相當簡單易懂，並不需要再詳加說明。在某些班級裡，教師們會同意使用一種主要的教學風格。而另外有些教師的教學風格則視學生的學習成果和上課內容而定，並在這三種教學風格間來回改變。教學風格是根據學生需求和教師感覺自在的程度來決定。

團隊教學：在團隊教學的環境裡，由兩位或兩位以上的教師來計畫、發展方案和負責教學。由參與的那些教師來決定各自的角色與責任。就像是普通班教師們經常共同教一門課，普通班和特教老師也經常如此。

支援教學：在支援教學的環境裡，這些學生從普通班教師那裡接受基礎教育。特教老師則負責修改課程和提供教學支援給此班級裡的學生。而教師助理則在普通班和特教老師的指示下，給予學生支援。

補充教學：在補充教學的環境裡，特教老師或教師助理在必要時給予學生增強與再次教學。當課程無法被修改或上課內容不適合學生時，也可另外實施一個不同的課程。

班級環境的設計取決於使用的教學系統屬於哪一種類型，當然這要根據學生的需求來決定。以下所列提供一些已在融合環境裡有效的構想。利用本書附錄的表 13 來規定班級的準則。

38. 判斷哪種教學環境可符合被選擇的那組學生的需求。某些教師會共同規劃與教學；而另外有些教師則偏好選擇由一位教師負責教學，同時另一位教師給予支援；還有一些教師選擇將全班分成兩組。教師在每天上課所使用教學策略會視此一班級的結構、課程內容和參與師生而有所不同。

39. 如果你期待大量的支援或補充教學出現，就在班上設立一個教學區

（teaching area）。假使缺少一個可放置桌子的空間來利用，在教室內的某個安靜角落提供足夠的寫字夾板也行得通，雖然這並非理想的狀況。

40. 一張可以擺放在教室外的桌子是對學生有幫助的。有些學生偏好以小組方式在室外學習，因為那比較不會令人分心。

41. 一張像圖書館所使用的個人閱讀桌（study carrel）是很有用的。使用瓦楞硬紙板製作成的輕便式閱讀桌，在不用時方便收藏。這對那些容易分心的學生是有好處的。

42. 當設計全班的座位表時，安排那些接受支援服務的學生坐在某個區域，在那裡特教老師或教師助理可以接近他們，但又不會打擾到班上其他人。不要再有照字母順序的座位安排！

43. 指定某個特定區域交代學生應該注意的事項、課表的變更及其他相關訊息。務必確定每天檢核這些事情。

44. 在每個班級裡保留一籃（或一箱）必要的學用品。除了鉛筆、原子筆、簽字筆和螢光筆等基本文具之外，還包括可用來整理講義的資料夾，屬於教師版的教學指引及附加的補充教材。

45. 購買一台手推車來建立一間走動型教室！這是一個很棒的想法，你可把補充教材保存在手邊。

46. 在教室裡放置一組檔案櫃，它將有助於你把資料和資料夾保存在手邊。大部分的教師會整理出一個空間，或提供個人置物櫃中的某個抽屜來存放資料。假使沒有可供利用的空間，一個最經濟的做法就是使用檔案盒，或從當地的文具用品店購買廉價的資料夾來使用。

47. 在教室的普通教育和特殊教育兩個區域裡，都分別張貼一份日課表。這能使得大家在需要的時候都找得到你。

48. 當你白天在不同的班級上課時，要找到你可能會有些困難。對某些教師來說，當他的學生出現嚴重的問題行為時，呼叫器是個實用的解決辦法。若有緊急狀況發生，能藉此馬上找得到特教老師。萬一某個狀況發生而你又無法立即離開時，校長、社工人員或心理學家可以是你的後援人員。要規劃出一個完善的後援系統。

49. 在上課日裡，你要實際走進普通教育的區域裡。在小學裡，可以把一張桌子放在教室裡或教室附近。如果你是一位中學教師，並負責像英語科這樣特定領域的教學，則可考慮在英語科辦公區裡放置一張桌子或工作檯。為使融合教育方案獲致成功，你有必要在上課日時接近這些學生的班級。當你越能被大家看得到，在成人之間就會有更好的溝通。

50. 利用一個主要的檔案櫃來保存修改過的教材與構想。將補充的教材單元和錄音帶儲存在這個檔案櫃裡。這能使得普通班教師在你沒空時自行找到資料。還有個更好的想法是，每種教材都做成兩份，分別送給特教老師及普通班教師。假使你真的有強烈的企圖心，則多送一份到掌管特教行政的辦公室。這對於整個學區的所有老師都將有幫助！

51. 設立一個地理位置居中的資料圖書室。提供的資料包括書籍、錄影帶、參考資料及社區服務機構的名單。許多優質的專業成長課程錄影帶可在此找得到。錄影帶的使用可以讓教師們不必閱讀整本書，就能學到更多特定主題的相關知識，這是個很棒的想法。錄影帶也能給予小組訓練必要的援助。務必設計一份借用登記表。否則你會很驚訝，資料消失的速度有多麼快！

52. 在決定學生的相關安置之前，檢視所有新學生的記錄。仔細檢查有關特殊教育的檔案。如果這位學生過去接受過特殊教育服務，或他看似有可能在未來被轉介，那麼將這位學生安置到適合的班級裡。

53. 當新學生在學期中轉入這個學校，融合方案的推動就變得更複雜，而

且課表必須在許多人之間進行協調。這是一項艱難的工作，但並非不可能付諸實行。一個正向的想法是，大多數符合特教資格的新學生通常會等到一月份才完成安置。在這段時間之前，學校現有的融合方案正在進行，一切的運作保持正常！學生們會感到更有責任感，對他們的安置感覺自在並變得更獨立。當然，如果幸運之神站在你這一邊，符合特教資格的新學生就會進入融合方案已準備就緒的班級裡。

以一個團隊來工作

在教育體系裡，教師日復一日地花費相當多的時間，和家長、同事及其他專業人員開會。當你每天開始上第一節課時，你的教學便展現出真實的意義。教室變成一個活生生的舞台，這裡有一位成人的演出者，以及一群主動參與的學生觀眾。當特教老師或教師助理成為該團體的一份子時，這整個群體的動態就可能有所改變。

並非所有成人對於出現在自己教室的陌生人感覺自在。人與人之間的信任總會隨著時間慢慢穩固。大家在融合方案中的工作動態也會因為自在程度的增加而有所改變。在大多數的情況下，新的友誼與團結型態會形成，雖然事實並非總是如此，但最重要的是記住融合教育以整合普通及特殊教育為終極目標，它提供了學生成功的教育經驗。而身為成人，很重要的是視彼此為專業人員、彼此間相互尊重，並努力達成共同的目標。隨著時間的過去，一個新的教育團隊會逐漸成型，並替代原先分開的兩個教育系統。

54. 所有教師在教學和班級的管理風格方面都大不相同。當融合方案鎖定某個特定年級或科目而開始運作時，你或許會觀察到某一種策略有助於教導相同單元的其他教師。在與其他人分享之前，記得先徵求那位老師的同意。還有，記住每個人都有順利和不順利的時候。將你所關注的焦點放在正面的事物上。

55. 合作是很重要的！特殊教育與普通教育的老師們由於教育背景與經驗的不同，時常對狀況的看法有所差異。這在一個融合環境裡是很重要

的！身為一位特教老師，你就是那些有特殊需求學生的擁護者；而普通班教師則是班級裡所有學生的擁護者。假使融合方案必須成功，教師們一定要有效率地合作。融合教育最大的好處之一，就是教師們可從共同合作之中加強專業的知能！

56. 務必確定，每天安排和級任導師開會的時間。這個時間可以被用作教學計畫和課表的變更。保持最大程度的彈性是極為重要的！這段時間應被列為優先的考量。為了要讓融合教育能順利地運作，教師們一定要每天互相討論。

57. 如果有可能，融合方案至少在同一年級或科目裡持續運作兩年。對每個人來說，第一年是經驗的學習。你們創造了一個新團隊、試驗新的策略、對教職員實施人員培訓計畫，以及花費許多時間來調整和修改課程。從嘗試新構想、調整舊思維，以及在新舊並用之中，你所學到的知識量是極其驚人的。融合方案的第一年就好比是嘗試新的學校系統的第一年。

58. 一切都是新的！對這個教育團隊來說，第二年就容易多了。屆時你就成為積極參與普通教育團隊的一份子，需要的在職訓練極少，角色已被清楚界定，並可重複利用那些修改和調整。

在一個成功的融合教育方案裡，普通班教師、家長及學生們就是最強而有力的擁護者。

後續的行動

一旦融合方案已擬定，從教師、教師助理、家長和學生那裡獲得後續的訊息是很重要的。問卷調查是簡單的評估方法。當你經常使用調查法時，小疑問會在變成大問題之前被發現。這些調查還有助於你去判斷教職員專業成長課程的需求。利用本書附錄的表 14 至表 17 對參與方案的學生、家長、教師助理和教師進行調查。

59. 將你從調查中所蒐集的資料彙整。假如某位家長指出某件關注的事項，進行電話聯絡並討論它。判斷家長所表達的關注是單獨針對某個特定班級（而且必須要個別的討論），或是對某個方案的整體關注，而且必須以團隊的方式提出來。分析對學生們調查的結果。個別地和學生們討論。看看教師助理有哪些特定的需求，然後判斷他們所關注的事項是否為單一的，或者它影響所有的教師助理。最後，決定教師助理是否有進一步接受在職訓練的需要。

「一起出現是一個開始，一起留下是進步，然後一起合作就是成功！」

Henry Ford

「我們在年輕人使用不同方式的學習中看見一個未來，然而所有的人都被期待要學到更高的標準！」

Judy Huemann

第二章
特殊需求學生的課程調整

　　為了要讓某位特殊需求學生在普通班環境裡獲致成就，我們必須調整課程以符合其特殊需求。在過去，個別化教育計畫的目標撰寫把重點放在學生的缺陷，因此，為了讓特殊需求學生能成功地適應於普通班的環境，我們有必要找出他的長處。當進行學校課程調整時，必須提出下列問題：

＊這位學生在此學業領域裡要達到哪些目標？
＊這位學生的長處是什麼？
＊此項課程的調整是否能幫助他達到最終目標？

通常，課程調整的範圍屬於以下四種類型之一：

強化教學活動或課本內容。在此類型裡，由普通班教師提供補充性支援給學生。這些額外支援能使得學生有能力去完成普通班的作業，並達到班級的要求。某些課業的預習、預先教學和再教學也許是有必要的。可提供學生補充學習的輔具，例如學習指引（study guides）、教材大綱和錄音帶。直接教學通常由普通班教師提供，而額外的支援則由學校特殊教育部門的人員負責。

25

修改教學活動或課本內容。此類型的調整是針對學校課程的實際內容或教材來進行。預期特殊需求學生在完成某種特定教材的結果或數量可予以減少。可提供額外的時間讓他完成作業。可在作業的長度和內容上進行調整。學生的評分標準和評量方式可因個別差異而有所調整。教學分組可呈現多樣化，活動則可採用大團體、小組或個別方式實施。

發展與普通班並行的教學活動。特殊需求學生在此類型調整所使用的補充教材、活動與學校課程有相似或有直接的關聯。可使用趣味性高，但少量字彙的教材。在此階段需決定學校課程的功能性價值為何，所創造的活動內容應具備與學校課程相似或相關的特色，包括那些能實際動手做的活動，或是以活動為本位的課程。在這個階段，使用真實性（authentic）活動與評量是適當的。

班級活動是相同的，但最後的結果卻不同。在此類型調整裡，特殊需求學生參與和同儕一樣的教學活動，但他的學習結果與其個別化教育計畫中的目標有直接的關聯。在這個階段中，該學生也許被要求聆聽班上的講課，而其個人目標可能是在特定時間內能夠安靜地傾聽，而沒有任何中斷。該學生也許被要求從黑板上抄寫一些句子，但他的個人目標是要發展精細動作技能。該學生可在數學課中使用計算機做加法或減法練習，但他的實際目標是要學會計算機的功用。這些都是功能性學習目標，功能性目標的建立在於幫助該學生到達成人階段時，在獨立生活所需獲得的那些實用技能。此獨立生活的地點也許是一個傳統家庭、一棟被有效監督與管理的公寓，或是一個家庭模式的團體住宿。

在為特殊需求學生調整教材內容時，要持續考慮下列各點：

特殊需求學生的學習目標：可調整學生最後的學習結果。也許要求他學會辨認地圖上美國各州的位置，以替代要他同時說出各州位置和首府的名稱。也許要求學生練習字母是如何構成，而不是讓他拼出一組特定的單字。

　　教材的困難度：透過趣味性高、少量字彙的教材，或利用補充教材來幫助學生學得知識。讓學生做基本加法事實（addition facts）的題目以替代更複雜的加法問題。

　　作業的長度：針對學生被期望學會或該完成作業項目的數量進行調整。

　　額外的時間：延長學生的考試時間，或允許他有額外的一天來完成某項課業。

　　資訊的輸入／輸出：可透過合作小組或小組教學、電腦，或用視覺性輔助工具和操作性教具來幫助學生接收資訊。可用取代傳統紙筆作業的方式讓學生分享知識。它可以包括口頭報告、示範、錄音機、溝通板（communication board）、電腦或是用手勢、動作等形式。

　　班級活動的參與：調整學生在課堂活動的參與程度。普通班教師也許在不預設學業期待的情況下，要求該學生在大團體裡參與班級活動。

　　支援的系統：學生可獲得來自教師助理、同儕教學、夥伴制度（buddy systems）或自修教室等額外的協助。

◎ 學校課程的調整

　　要了解課程調整的程序，最簡單的方法是利用一個假設的案例來說明。影印本書附錄的表 18。閱讀下述案例並且填寫這份表格。

　　John 是一名被診斷為學習障礙的七年級學生。他的認知能力屬於中等範圍，他在閱讀和書寫語言領域接受特殊教育服務。John 的接受性與表達性語言符合其就讀年級的程度。他在數學課的表現良好，並能參與問題解決活動。他積極參與團體的討論，而且在合作小組學習中有良好的成效。John 在科學課的實驗裡始終有很好的表現。

步驟 I ：注意 John 的個人長處：

　　　　＊中等的能力

　　　　＊與其認知能力相符的接受性與表達性語言

　　　　＊數學能力強

　　　　＊班級活動的參與

　　　　＊合作小組學習的效果良好

　　　　＊在實際動手做的活動表現很好

　　　　＊喜愛討論活動

　　由於這是一個假設性狀況，所以列舉出來的項目也較少。如果 John 是個真實案例，那麼整個特教團隊就必須詳細列出這位特殊需求學生的優勢能力。

步驟 II ：決定需要調整哪些科目（或領域）的目標。

　　　　＊ John 必須完成 80%的社會科作業。

　　　　＊ John 必須完成課堂評量，至少能達到 70%的正確性。

　　一旦你完成步驟 II，回到本書的目錄。這本書能節省你的寶貴時間，以縮短你的規劃期，並在你為障礙學生調整課程時提供一個與他人溝通的基礎。首先，詳讀一遍每章的標題，以決定本書哪些章節最適合學生的需求。本書的相關章節都已為你彙集好你所需要的課程調整。

　　由於 John（這名假設的學生）在閱讀和書寫語言接受教學的支援，因此從本書目錄中挑選出：

　　　　＊課本的調整

　　　　＊製作錄音帶

　　　　＊日常作業

　　　　＊書寫語言

　　　　＊作筆記

　　　　＊替代形式的評量

　　步驟Ⅲ：腦力激盪出可能使用的想法和策略，以便幫助John補強他的障礙問題。有些構想也許是：

* 針對John在獨立閱讀出現困難的那些教材，同時供應他課文錄音帶。
* 上課時利用合作小組的方式。允許John和一位搭檔一起寫書面作業。
* 針對每個單元提供John一份學習指引。在學習指引中清楚地列出John應該要負責的學習目標。
* 當John需要在某一堂課作筆記時，提供他一位學習搭檔。幫助John準備一份上課的筆記。
* 應視學生個別的情況進行書面測驗。准許John以替代性評量來證明他學得的知識，以減輕書面作業的冗長要求。學期專題計畫案若能改用口頭報告會是很適合的。

　　步驟Ⅳ：要以特教團隊的形式來決定應執行哪些調整。並決定由誰負責調整教材的內容（可由義工完成錄音帶和學習指引的打字工作），以及由誰在普通班的環境中執行這些想法。附錄的表19、20和21都可被用來替換之前使用的表格。

　　在進行課程調整時，一次只實行少數幾個策略是很重要的。附錄的表22可被用來記錄和證明課程調整的結果。在你增加額外的調整策略，或是決定某個特定想法無效之前，要先確定你容許該特殊需求學生有足夠的時間來適應。因為所有學生都是獨一無二的，所以某個策略對某位學生有用，並不見得必然對另一位學生奏效。

　　本書所描述的這些策略，都是從融合學校的教師那兒彙集而成。它們是從數百個想法中精心挑選出來！這些想法對於在融合安置裡所有特殊需求學生的成功，都會是有貢獻的！

「你的目標應該放在拿不到的地方，而不是看不到的地方。」

Anita DeFrantz

「愚公移山得先從小石頭搬起。」

中國諺語

第三章
課本的調整

「當 Susan 看不懂課本內容時，她如何能融入普通班的學習呢？」這個問題或許該換個說法。「當這些知識以另一種方式呈現時，Susan 可以學會和理解多少課本的內容呢？」當問題敘述的方式改變時，我們關注的焦點便轉向這位學生的長處，而不再是強調她的弱點。

大多數接受特殊教育服務的學生都遭遇閱讀的困難。雖然本章所述係強調課程的調整，然而我們應持續提供他們正式的閱讀教學。身為特教團隊的成員，你必須判斷何時將發生這件事。在小學時期，教科書的調整也許出現在當某位學生因閱讀課而必須被分組時，或是在個別化教育計畫會議裡預先決定的特定教學時段裡。而在中學階段適合將閱讀教學併入某個教導讀書技巧（study skill）或是自修課的時段裡。

許多商業性的閱讀課程可被用來補充學校課程。如果學校的閱讀課程強調自然發音法（phonics），那麼可考慮將全語言（whole language）的元素融入。這對於聽覺處理困難的學生、視覺學習型態的學生將有所幫助。如果學校的閱讀課程正使用全語言教學，則考慮增加以自然發音法為基礎的額外課程。事實上，有些學生只是對一年級的正式閱讀課程沒有做好準備，而在一年級閱讀課中單字聽音的教導是不受字母圖像所主宰的。提供音素覺識訓練（phonemic awareness training）給你的學生，用它來建立孩子

閱讀的先備條件，或用來補充學校課程不足之處。那些從音素覺識訓練中受惠的學生，像是無法聽出單字 pen 和 pin 的語音差異，以 chrain 替代 train，或是對單字押韻有困難的學生。而針對正在接受語言治療的學生，可以將音素覺識訓練納入他們的語言服務裡。

儘管特殊需求學生可能必須持續接受閱讀補救教學，但如果我們期待這些學生能夠在學校裡體驗成功的感覺，那麼課本的調整將是關鍵所在。

以下所列的想法並不受限於閱讀教學所要用到的課本。請將下述策略與想法用於科學、社會課、英文和其他補充教材。不管學生是獨自閱讀教材、經由相關教學支持或聆聽課文錄音帶，要一直確認他充分了解後續的教學活動，並能對自己的學習負起責任。

60. 利用引導閱讀（guided reading）的過程，將課文大聲朗讀（read aloud）給全班聽。在你大聲朗讀時，經常給予像是頁數和文章段落位置的提示，而那些無法閱讀課文的學生則可以聆聽或看著插圖。引導閱讀同樣有助於那些上課容易作白日夢的學生。

61. 大聲朗讀課文給一個小組聽。將障礙學生安排在這個小組裡。使小組的成員多樣化，學生會開始熟悉小組活動的程序，並更加了解班上其他同學。

62. 將學生分為兩組。由普通班教師、特教老師或教師助理和不同小組一起閱讀或進行討論。務必確定普通班教師及特教老師都有相同的討論題目和結果。這樣的教學情境使得所有學生都能積極參與班級的活動。

63. 將學生分為一個包含人數較少的合作小組，允許他們大聲地朗讀。那些有特殊閱讀需求的學生也許一開始會對朗讀感覺不自在；隨著自在的程度增加，他們就會變得更勇於冒險。

合唱式閱讀（choral reading）能使所有學生積極參與。合唱式閱讀可由師生或是一個小組的學生一起大聲朗讀。

填充式閱讀（cloze reading）是分組閱讀的另一種選擇。當使用填充式閱讀時，可由大人大聲地朗讀並隨機暫停一下，好讓學生把他漏掉的

字填進去。

64. 務必事先提供學生閱讀材料的大綱。允許他在其他同儕大聲朗讀時，可在大綱上作筆記。

65. 給予學生討論題目的清單，以便他做好事先預習。這會幫助學生把閱讀的焦點放在重要的內容上。

供應一疊便利貼給這位學生。可讓他簡單記下筆記、詞彙或與教材內容有關的問題。這些筆記可作為簡易的參考資料，它能幫助學生直接應用課本的學習。

66. 把上課的內容錄音下來。允許學生在某個小組裡，或和一位同儕一起聆聽這捲錄音帶（參見本書「製作錄音帶」的那一節）。將一本教師專用的課本以顏色編碼，並和此錄音帶同時使用。把學生被要求學會的重要知識用顏色強調出來：詞彙及其解釋、重要的事實及評量所包括的範圍。在課本的正面貼上相對應的顏色提示。現在，這本教科書因為某個特定科目而有其個別化特色了。

67. 用錄音帶錄下每隔一頁的課文內容。允許學生聆聽某一頁課文，然後默讀或朗讀下一頁。這對於那些正費力趕上同儕閱讀速度的學生將有所幫助。你也許還想設計一本以顏色編碼的課本，就像策略 # 66 所描述的那樣。

68. 改述（paraphrase）課文的內容，並錄成錄音帶。錄音帶中只包含最重要的內容。改述是一件很艱難的工作。在你嘗試做此事之前必須先熟悉課文的內容，不然改述過的版本可能會比原先課文更冗長。

69. 在開始閱讀課文之前，和學生一起預覽和討論課文中的插圖和圖表。學生最好能藉由一些視覺性線索及背景知識發展其閱讀能力。

70. 聯絡教科書的出版商。出版商往往會編製與該年級課本相關的修正版教科書和補充教材。

小說和自由選擇的讀物

71. 要求學生用錄音帶錄下他們最喜歡閱讀的書。這個活動可被指定為學期的專題計畫案，或是可讓他們額外加分的活動。若學生閱讀的讀物比他的年級程度還低，他們所錄的書可提供較年幼的學生閱讀。學生可從班上圖書館或視聽中心，以個別或小組的方式借閱這些有聲書。對於那些無法閱讀的學生，這些錄音帶可在他們默讀（silent reading）時使用。

注意：查看學校圖書館是否有一些書籍或小說的書名是與認識障礙有關。假如沒有，你或許需要建議一份採購書目。

72. 在你大聲朗讀課本時，同時將內容錄音下來。學生可利用此課文錄音帶做每一課的複習，因為它包含學生討論的問題及重點。而在朗讀小說時做成的錄音帶可被班級圖書館保存。學生可借出那本書和錄音帶，稍後再重新閱讀或聆聽。

73. 針對無法閱讀的學生，請教師助理、義工或同儕為他大聲朗讀。也可將其他學生納入這個小組。小學生喜歡聆聽故事；到了中學階段，則可挑選某些學生對同儕大聲朗讀。

74. 市面上往往買得到以通俗小說和故事為題材拍攝的電影錄影帶。在閱讀通俗小說和故事之前，先提供錄影帶給學生觀賞。教師務必確定先預覽一遍！這些錄影帶會幫助學生在閱讀文本之前，先建立一些對故事情節、人物發展及故事背景的認識。錄影帶內容和作者的文字經常會出現很大差異。倘若事實是如此，那麼不妨安排一個團體活動，讓學生藉著討論去比較和對照這兩種作品的形式，它們在文字與視覺呈現之間的差異為何。

75. 指派一位學生擔任今日教師。這位學生可對著一小組學生或一位學生

大聲朗讀。

76. 大量的提供學生小說和短篇故事錄音帶。包括策略＃71至策略＃75所建議的書籍，再加上一些古典文學。查看當地關於盲人及學習障礙者的服務機構。他們可能會提供已錄好的有聲書。

77. 為學生選擇以趣味性高／少量字彙為特色的書籍。許多出版社供應這類形式的章節書（chapter books）。

 ## 預習和預先教學的策略

當實際上課前允許學生預習（preview），可讓很多學生在學校課程裡體驗成功的經驗。預習和預先教學（preteaching）的策略可由普通班教師、特教老師或教師助理完成，或把它當成學生的家庭作業。這些簡單易懂的技巧，會對某些學生產生不可思議的效果。

78. 在上課讀到這個故事之前，允許學生先將錄音帶帶回家，這可讓學生熟悉故事中的主要人物、內容和情節。

79. 提供某位學生額外的時間，以便他和一位大人一起預習並討論課文中的照片、插畫、圖片、標題和各章的問題。這將有助於學生建立背景知識，並將新概念聯結到先前已學會的概念。

80. 和學生一起預習課文裡出現的粗黑印刷體字與斜體字、標題與副標題。從課本出現的上下文（context）來朗讀和解釋這些生字。

81. 事先提供學生一份每週生字表，其中包括重要詞彙和粗黑體單字。從句子的上下文中直接學習單字的應用，而不是單獨教它們，這可以避免出現雙重意義。學生可在家中預習或複習這些字彙。

82. 製作每一課的生字表。再次提醒，只包括與課文有關的解釋。將這些教材放進小袋子裡。不要忘記，把每一課的章節標題和頁碼都當作標

題。學生可利用這些教材完成家庭作業、單元預習和複習考試。

83. 提供語言治療師課本裡每一課的生字表。這將有助於語言服務的內容與學校課程保持一致,並給予學生額外的協助。

84. 列出課本中討論問題的清單,並把它提供給學生,要求他從課本裡找出答案。記得在問題清單上註明頁碼的提示。

85. 為了向學生強調課本內容裡有哪些重點,可以特別多準備幾本課本。使用不同的顏色為這位學生的課本編碼。舉例來說,像是用黃色代表生字(詞)、藍色代表它的解釋,以及用綠色強調課文中的主題句、事實和重要訊息。如果你無法準備多餘的課本以便在課本裡用不同顏色畫線作強調,那麼不妨為學生影印或掃瞄相關教材。學生就可在這些複本上面寫字。假使你打算掃瞄大量的課本內容,一定要在複製之前先打電話給出版商得到許可。出版商往往同時供應精裝本和消耗品兩種教科書版本。消耗性課本的價格通常較為便宜。

86. 提供每一個教學單元的教材大綱,包括此單元的主要想法(main idea)和詞彙。在學生朗讀過主要想法和詞彙後,要求他們回答下列問題:「關於這個主題我知道了什麼?」、「這些字彙和主題有什麼關係?」、「有關這個主題我想學到什麼?」

87. 對大部分學生來說,改述的技巧對理解教材內容確有其幫助。它還有助於老師了解學生是否掌握概念。當你打算用改述的技巧去協助某位學生時,先要求他朗讀一段文章。當他讀完後立即要求他用自己的話說出該段的主要想法及兩、三個支持性細節(supporting details)。有些學生發現,若能把教材內容改用自己的話說出來,並轉錄到錄音機,將會對學習有所助益,尤其當他們為考試做複習時。

88. 供應學生一套教科書,讓學生在家庭中使用。在學生將課本帶回家前,要對他說明如何從句子中找出主要想法、關鍵字和支持性細節,以及如何使用專有名詞和附錄。

製作錄音帶

對許多障礙學生而言，錄音帶是一種很棒的學習工具。它可以在白天上課時或在家中使用。錄音帶還可給予那些缺課的學生必要的援助。假使你的目的只是要藉由有聲書來取代默讀，那麼聯絡你的教材出版商，並詢問該教材是否附有錄音帶。如果你希望改編教材內容，就必須製作個人專用的錄音帶，像是只錄製單頁或雙頁部分的教材，或是為個別班級的特定目標量身訂做。由於錄音帶的製作相當耗時，一旦母帶被錄好，要確定有額外的拷貝分給同年級教師使用，並將原版保存在安全的地方。

89. 善用許多現成的義工人力資源：家長、同儕、較年長的同學，或是社團、戲劇社、榮譽協會的成員等，在製作錄音帶時從旁協助。製作額外的拷貝、標籤和存檔準備將來使用。

90. 當你在召募義工製作教材錄音帶時，務必在錄製卡帶前小心的檢查義工的朗讀品質和速度。假使朗讀者的說話速度太快，學生會無法跟得上。假使朗讀者說話速度太慢，學生也許無法抓住重要概念，或者更糟糕的是他們會睡著了。

91. 在準備錄製課文錄音帶時，要求說話者用清晰的聲音朗讀。課文朗讀的速度應保持在每分鐘 120-175 個字。消除任何背景雜音。關門聲、電話鈴聲和隱約存在的聲音，它們往往是與課本內容無關的音效，這些聲響經常會使學生分心。

92. 在錄音帶的一開始先錄下課文的標題、章節名稱或頁碼。使用一致的命名系統以方便錄音帶的歸檔。

93. 在錄製每個段落的一開始時，就說明複習的原則為何，以便學生熟悉該段落的重點。

94. 課文錄音帶裡要包括閱讀理解能力的問題安排，像是：「請在此將你

的錄音帶暫停一下,然後請說出水的三種用途。」當錄音帶繼續進行時則提供學生解答。這有助於學生主動參與學習。

95. 提供學生一本與錄音帶內容一致的專用課本。在與錄音帶特定段落有關的課文貼上記號以作為提示。例如,星號表示錄音帶裡的這段課文經過改寫;句點表示學生應在此處暫停一下,並給一個粗黑體的單字下定義。設計你自己的提示系統。

96. 針對年齡較大的學生,將預先準備好的測驗題目錄進錄音帶裡。一些你可使用的策略是,要求學生將錄音帶暫停,並對他所聽到的訊息做摘要、說明該段落的主要概念或是對出現在測驗裡的某個粗黑體字彙下定義。當錄音帶重新開始播放時,則提供此問題的解答。

97. 提供一份列出有關教材重要內容的大綱,以作為學生聆聽錄音帶的指引。學生可把更多的資料加進大綱裡。

98. 如果課本裡的討論問題是放在錄音帶的結尾,則在錄音帶裡提供頁碼位置的提示或是把答案包括在內,學生可立即自我檢查答案。

99. 為了顧及那些無法閱讀的學生的特殊需求,改寫課文內容並使用簡化的詞彙。使教材錄音帶內容和課本所呈現的視覺元素間產生關聯。

視覺追蹤困難

你是否曾經教過某位學生,他老是在閱讀時找不到課文的正確位置?你可能覺得你總得不厭其煩地、一再指導他。如果確實發生這樣的情形,他可能正遭遇視覺追蹤(visual tracking)的困難。

100. 讓這位學生和一位同儕搭檔,並允許同儕用視覺追蹤的技巧來協助他閱讀。允許學生們共用一本課本閱讀。

101. 關於某篇課文應該從哪裡開始讀,要給予學生具體的指導。

102. 在你大聲朗讀某篇課文時，記得在口頭上頻繁地給予文字位置的提示（正讀到第幾頁和第幾段）。藉由經常指出讀到的頁數和段落位置來反覆地指導學生。

103. 安排這位學生的座位靠近教師，因此他在閱讀時的視覺追蹤情形可容易地被監督。經常檢查學生的閱讀狀態，他的視線是否保持在正確的位置上。

104. 利用一張書籤來幫助這位學生保持他的閱讀位置。

105. 在一張索引卡上貼上一個水平的、從左到右方向的箭頭。這樣會幫助這位學生建立閱讀的方向感。

106. 在一張索引卡上切割出一個小覷窗。由於這位學生只能看到少數幾行或一個小範圍的文字，這樣做有助於他能夠專注地閱讀。

107. 提供學生一個使用製圖紙做成的相框。他就能看到印刷文字上的某幾行字，而且還能遮住使其注意力分散的刺激。

108. 當別人在大聲朗讀課文時，允許這位學生只聆聽課文內容及看插圖。

聽力損傷

假使班上某位學生有輕度或重度的聽力喪失，則需要一位專長為聽覺障礙的專家或顧問，能夠經常提供教材和建議給普通班教師和特教老師。假如某位學生的聽力嚴重喪失，需要一位手語翻譯者時常協助該學生。專家給予該學生直接的服務，以及提供普通班教師和特教老師補充教材。以下建議將提供有聽力損傷的學生額外的援助。

109. 安排這位學生的座位靠近老師。

110. 在對著這位學生大聲朗讀時，一直使用視覺訊號來引起他的注意力。

111. 以正常語調清楚地說話和朗讀，並且用一種中等的速度。

112. 改變上課內容或問題的敘述方式，使課程更容易被學生了解。

113. 在介紹新教材之前，先提供學生一份教材大綱和字彙表。鼓勵學生在上課前在家先做好預習的工作。

114. 在口頭講授時，重述上課教材的內容並做出摘要。

115. 要在句子裡介紹某個字（詞）。對於那些讀唇語的人而言，許多單字看起來好像是相似的。

116. 假使這位學生是讀唇語的，提供學生一把旋轉椅，讓他可以在任何時候都能看到老師和翻譯者。

視力損傷

　　假如在班上有一位視力損傷的學生，你必須經常和專長為視覺障礙的老師交換意見。這位專家必須提供教材和給予建議。視力損傷的學生經常使用放大的教材。如果事實是如此，教室裡就需要更多的儲藏空間，因為這些教材往往放不進傳統書架裡。

　　要注意這位視力損傷的學生是否在課堂上看似心不在焉或左顧右盼，這是很重要的，他也許會依賴聽覺技能來獲得知識。有視力損傷的學生經常在做課堂作業時會感覺眼睛疲勞。

117. 訂購特殊的教材，像是大字體課本、放大鏡、擴視機，以及附有放大字體和圖片的電腦軟體。另一種選擇是把給學生的教材掃瞄並且放大。

118. 提供學生課本的錄音帶。使用附有不同錄音速度的錄音機來製作卡帶。這會使得該學生的聆聽速度隨著聽覺能力不同而有所增進。聯絡當地的盲人協會，並開始認識他們所提供的相關服務。

119. 允許學生有更多的時間完成作業。務必知道，視覺疲勞通常是發生在

需要持續使用視覺能力的活動時。一些視覺疲勞的徵兆可能包括：紅眼睛、揉眼睛、將頭趴在桌上以及斜視。

120. 當學生需要視覺專注力時，你可藉由修正活動的數量與長度將學生的視覺疲勞度減到最低。永遠記住這節課的上課目的。假使某位學生能從傾聽訊息或以另種形式來證明他學會了，那就允許他這麼做。

121. 當對著視力損傷的學生說話時，務必確定呼叫該學生的姓名。該學生往往看不到視覺提示。

122. 用錄音帶將學生的指定作業錄製下來，如此每當他有需要時就可以重新播放。

123. 在教室裡使用點字或新的補充工具時，在適當時機提供訓練給全班學生。示範給全班學生看要如何使用點字寫下他們的名字，或標示教室裡的物件。允許學生們嘗試使用放大鏡和試驗電腦課程。學生會因為新獲得的知識而感到興奮，它會變成所有學生的一種學習經驗。

124. 觸摸對於視力損傷的學生是很重要的。在可能的時候要多提供實際動手做的經驗。

「成功就是你所擁有能力的極限。」

Zig Zigler

> 「極限只存在於我們的心中。但是如果運用我們的想像力，我們的可能性就會變得無窮。」

Jamie Paolinetti

第四章

日常作業

　　每當指定學生完成一項日常作業時，老師都應判斷該作業的書寫目標為何。大多數的日常作業都是用來驗證學生對於學得概念的理解情形。儘管要求學生以書面形式回應是一種教學的慣例，但對於障礙學生而言，這樣的方式並非總是合理。有些學生會無法承受，這也將導致孩子產生挫折感並表現於其行為。若事實確為如此，那麼也許老師有必要調整作業以符合學生的需求。永遠先決定你要的結果為何，再根據學生的需求來調整他們的作業。

　　當討論到融合教育時，一個重要的問題浮現，「當這位學生整天融入普通班上課時，他如何才能獲得補救教學的支持呢？」當這位學生正在做日常作業時，這就是他接受特教老師的直接教學，或由教師助理進行再教學的最理想時機了。日常座位活動（seatwork activities）的設計通常是用來加強先前教過的技能，或藉此檢查學生對於特定技能是否了解。要判斷這項作業活動的適當性，教師不妨自問，「這項活動對這位學生是否有益？」及「完成整份作業對這位學生是否重要？」如果你的答案是否定的，利用這段時間提供這位學生系列的補充教材，或再加強先前教過的技能。假使你班上還有更多學生也能從再次教學或加強教學中受惠，則考慮同時將他們納入這組教學裡。另外，你也可從本書的特定主題尋找到針對學生日常

作業該如何調整的相關構想。

125. 將給學生的指定作業分為一半。允許他只完成雙數或單數題目。假使該學生能藉著只完成部分作業來證明他已精熟一些概念，那就允許他去做需要更多時間的其他作業。

126. 將給學生的指定作業拆成好幾部分，並允許他利用幾天的時間來完成這項作業。

127. 針對長期作業該如何完成，你要在作業的封面附上一份表格。長期作業往往看起來讓人不知所措，學生還沒開始就先感受到挫敗了。

128. 運用合作小組或將學生們配對。當某位學生在書寫作業時，另一位學生可幫他大聲讀出答案。所有學生都可以在該小組裡充分地參與。

129. 允許某位學生以口頭方式將作業答案錄到錄音機裡。這對於精細動作有困難、但能閱讀和理解的學生尤其有效。

130. 假如某項作業許可的話，就提供給學生一份影印本。容許該學生使用顏色強調作業的重點、在文字下方劃線或在影印本的空白處填寫，而不用抄寫整段文章、一整列句子或是一整頁的數學習題。

131. 提供一份作業的備忘錄，以幫助學生組織日常作業和安排完成的優先順序。要把繳交期限也包括在內；務必確認該學生了解做與到期之間的差異！如果家長習慣使用家庭聯絡簿檢查孩子的作業，很重要的是，學生也要知道做與到期這兩字的正確寫法。

132. 將教材的內容以適合學生的閱讀程度重寫一遍，或提供包括相同技能的平行教學活動。

133. 准許學生找一位夥伴幫忙他把答案寫下來。

134. 允許學生用口述方式回答他的作業。通常學生可以在幾分鐘之內概述作業內容及回答相關問題。當允許學生用口頭方式完成某些作業，他

就有更多時間在其他作業表現出更好的品質。這方法很適合寫作業速度持續落後於全班的學生。

135. 給予學生額外訓練和練習的時間。要朝著精熟某樣技能的方向去做。如果需要的話，要隨時監督和修正最後的結果。

136. 容許學生有更多時間來完成他的作業，某些學生可能無法在一節課內完成整份作業。

137. 讓學生以描寫答案的方式來代替書面形式的回答。

138. 使用對學生而言，可讀程度較容易的教材，設計與課本內容一致的補充教材。很多教學指引會附有教師資源手冊（blackline masters），它會針對不同程度的學生給予教學的建議。它們往往是因應那些英語是第二語言的學生需求所發展的補充教材，它對於有特殊需求的學生也很適合。

139. 提供適合學生程度的並行教學活動。例如，如果此作業的目標為要求學生找出名詞，老師可直接利用學生讀本要求他們寫出某個故事中的名詞。假使學生無法閱讀，則要他們找出在教室裡屬於名詞的物件。

140. 為學校的課程單元發展出一份書面契約。這使得老師能藉由強調某位學生必須完成的作業部分，而得以更改學生的作業長度或內容。

141. 提供學生一疊便利貼，學生可以在單張便利貼上寫下他未完成的作業。當他完成某項作業時就可把便利貼丟棄。假使他沒有在這個上課日內完成作業，就可在下課時把提醒回家做功課的便利貼黏在家庭聯絡簿上。

142. 允許學生使用電腦、文字處理機或計算機來完成他必須做的功課。

「不可能的事往往是沒有努力去嘗試的事。」

Jim Goodman

45

「未琢磨的鑽石有時候可能被誤認為是無用的小石子。」

Sir Thomas Browne

第五章
書寫語言

　　書寫語言（written language）所包含的技能範圍很廣。學生也許因為各種理由而出現寫作的問題。有些學生無法將想法轉換成書面形式。而另一類學生則在文法、句子結構或寫作技巧方面遇到麻煩。第三類學生則可能因為語言或語言處理能力的限制而引起寫作困難。

　　書寫對某些學生而言是如此的費力，你也許有必要完全無視於課堂上的書寫程序。對於這樣的學生，輸出訊息的模式往往和其他同學不同。在這種情況下，學生可能需要一位夥伴來協助他作筆記或抄寫問題的答案，專題計畫也許需要採用口頭報告、錄製錄音帶，或拍攝成錄影帶的形式來呈現學習成果。另外，筆試也許有必要在簡單的口試或面試之後舉行。

 產生想法

　　「我有一位拒絕寫作的學生。」或是「某位學生就只是坐在那兒看著紙發呆。他連嘗試寫都不肯呢！」這些都是我們時常聽聞，教師所擔心的事。當某位學生一次又一次地對寫作感到挫敗，當語言處理過程對他如此艱難，他就完全放棄寫作了。

47

143. 應鼓勵有特殊需求的學生天天寫作。寫日記是一種每天都可完成的書寫形式。老師可採用自由回應與問答的形式，要求學生在日記中針對特定事件做出反應，通常能提升學生繼續寫作的動機。

144. 針對指定作業給予具體的指導。協助學生寫出一或兩個句子來開始寫作，當學生表現得更有自信能獨立寫出句子時，再逐漸地把教師的支持減少。

145. 假如某位學生對寫作構想的產生有困難，不妨為他設計一本師生日誌（student/teacher journal）。老師就能在這本日誌裡為個別學生寫下特定的問題，並要求他以書面形式回應。問題可針對學生的特殊興趣來量身設計。

146. 要求學生選擇一個熟悉的主題。創造一個字庫（word bank），並允許該學生就相同主題連續寫好幾天。另一種選擇是集合一個小組來和他一起完成。要求整組學生用三到五分鐘的時間來腦力激盪此一主題的想法。把字庫提供給這組的所有學生。學生可以互相幫助彼此的寫作結構、文法和拼字。變化小組裡的成員。

147. 當學生有能力產生他自己的想法時，協助他發展這個故事或主題的大綱。學生可照著大綱來接續他的思考和組織他的想法。

148. 在教室裡保存一盒舊照片、雜誌上的圖片，以及動物或大自然的圖片。要求學生挑選一張圖片，然後花幾分鐘列舉出能描述這張圖片的形容詞。

149. 假如學生有困難產生他自己的想法，就和他一起選出一個主題。要求他每天要寫出一個最少的量（你也許得至少用一個句子來開始！）。每天都去擴充這個寫作主題，下一週則增加新的目標。務必確定學生對於達到個人目標會負起責任。

150. 要求學生從家裡帶一張照片來。它可以是一張某個假期、聚會、重要

事件，或是生命中某位重要人物的照片。由於學生擁有這張照片的背景資料，學生往往會比較容易去描寫它。

151. 如果學生無法寫出一個句子，就寫些形容詞或用圖畫來描繪他的想法，稍後再把這些單字融入簡單的句子裡。

    針對那些無法寫作的學生，提供他們一些舊雜誌。學生可以尋找與特定主題有關的圖片，再把圖片貼在製圖紙上。寫作主題可依學生能力而有所變化。簡單的主題包括跟食物、衣服、顏色或植物有關的圖片；比較複雜的主題包括與天氣、木製品、需要電力運轉的物件，或是和動物有關的圖片。該學生可在稍後抄寫或列出與圖片對應的單字。

152. 請教語文課的老師提供一組有連續關係的圖卡。要求學生為不同步驟的圖片各寫下一個描述的句子。若要求學生只寫出最後的步驟對他們太過困難。第二天，請學生寫下倒數第二個及最後一個步驟的句子。以此倒返順序做下去，直到所有卡片都被用過為止。

153. 請教師助理把學生的想法寫下來，然後學生可從這個寫作範本把自己的想法或故事抄寫下來。

154. 假使學生沒有寫作能力，可由教師助理或另一位大人寫下他的回答。讓學生用彩色鉛筆、蠟筆或細簽字筆描摹答案。為提高學生的寫作動機及增加作業的變化性，可變化紙張的尺寸、形狀、材質和顏色，或是使用一塊小黑板讓學生寫作。

◎ 寫作的程序

對教室裡的許多學生而言，書寫語言是困難的，尤其是那些有特殊需求的學生。拼字、文法、寫作技巧、組織、標點符號、不完全句及連寫句、前後關係、主詞—動詞的一致性，它們都只占句子、文章和短篇故事裡錯綜複雜特性的少部分。學生需要直接教學和很多的引導練習（guided practice），才能成為熟練的寫作者。

在教室內到處張貼各種參考圖表，以做為學生在寫作時的提示。一些實用的圖表範例包括：手寫和草寫體的字母、學生經常拼錯的單字、寫作歷程的不同步驟（寫作前的構思、結構、回應、校訂、修訂和最後成品）、轉折詞、首字母大寫的字、縮寫字、縮短形，以及日常作業之中，必須達成預期標準的範例。

155. 避免在寫作技巧上做過度校正，學生才不會對寫作感到灰心。寫作教學的重點宜強調他們能否建立自己的想法，而不是寫作技巧。

當寫作的重點被放在技巧和拼字上時，許多學生因此變得小心翼翼：有些人不敢嘗試新字、另一些人則害怕犯錯而寫得更少，還有些學生甚至什麼都不想寫。

156. 幫助學生在開始寫作之前先把他們的想法組織起來。

對學生示範圖示技巧（mapping skills）的使用方法。一個圖表應列出某個主題的重要想法和相關字彙。繪製圖表的目的在於幫助學生把故事主題和段落之間的關係予以視覺化。要創造一個圖表並不困難，以下以「狗」為主題說明。在一張 8.5×11 英吋的紙中間寫下「狗」這個字。現在把這一張紙折成四個等分。在每個四等分裡各寫下一個與狗有關的單字為次主題。次主題可能包括餵食、運動、照料和訓練等。在每一個四等分裡再列出與各個次主題有關的單字與詞組。當圖示法的練習完成時，要學生設計一段序言，利用這四個單獨的次主題各寫一段文字，並加上一段結語。學生的故事就完全組織好了。

維恩圖（Venn diagrams）經常被用來比較和對照兩個（或兩個以上）不同特性、人物或事件的集合關係。要學生設計一個簡單的維恩圖，在一張紙的中央畫出兩個交集的大圓圈。兩個主題的相似性被放在兩個圓圈所重疊的空間裡。學生可利用各個圓圈的外圍部分來列出、對比不同的資料。維恩圖能幫助學生使用簡單的方法整理資料。當比較三個故事或事件時，就會用到三個圓圈。在比較兩個以上的故事或事件時，要使用 11×17 英吋的紙張，學生才有足夠空間可以寫字。

另外，也可使用圖表比較和對照不同的概念。用某一欄列出事物的相似性，而用另一欄列出事物的差異性。

故事圖表的利用。在學生閱讀過一篇故事或小說之後，列出這篇故事的重要元素：背景、人物、故事發生問題或事件、採取的行動和解決方法。

157. 培養學生寫作的預備能力。在描寫故事前，先要求學生回答下列問題，將有助於他們組織有條理的故事情節：

※誰是故事裡的主角？

※這個故事裡還有哪些人物？

※主角在故事裡最想做的事是什麼？

※當主角這麼做時，發生了什麼事？

※這個故事是如何結束的？

這些簡單問題將有助於學生整理他們的思考方向，並為故事的發展建立一個基本的寫作大綱。

158. 對學生說明在每一段文章裡，開頭、中間和結尾都有其重要性。在敘寫各段落文章時要加入適當的轉折詞，例如像是首先、接下來、然後、最後或是終於。這將有助於學生把思考依序地連接起來。

要求某位學生教導同儕或小組如何做某件事，來練習轉折詞的運用。在小學階段，它可能是如何做一份三明治、繫球鞋的鞋帶，或介紹一位大人這麼簡單的練習活動。中學學生也許想與人分享某個專門技術領域，像如何射籃、化妝、正確擺設餐桌或使用攝影機。

159. 教導學生校對和修訂自己的作品。針對學生的個別作業提供一份簡單的檢核表，或在教室布告欄上張貼一張校對檢核表。若學生能擁有一份個人檢核表，這將對他們的寫作訓練非常有效。它可配合特殊學生個別化教育計畫的目標，檢核的內容視學生年級和目標而定，包括以下部分或全部的項目：大寫的字母、標點符號、拼錯的字、每一頁的邊緣空白、段落行首空格、句子意義及形容詞。在寫作教學中，不管你使用個人檢核表或教室圖表，先要求學生把整篇文章讀完，然後一

次只修訂一個項目。如果學生使用以上所列項目的檢核表，要求他在讀完一篇文章後先修訂大寫字母。當他完成時就將此項目自檢核表中刪去。第二次修訂時，要求學生讀完文章後只修訂標點符號。繼續往下做直到整篇文章修訂完畢。當學生完成修訂工作時，也許要求他加上特定數量的形容詞到故事裡。

定期以小組方式來修訂故事。製作班級故事（名稱省略）的投影片，或創造屬於你自己的故事。直接利用投影片來練習修訂故事。

160. SPACE策略可被用作學生在寫作時監控錯誤的策略。SPACE所代表的意義如下：

* **S**PELLING（拼字）
* **P**UNCTUATION（標點符號）
* **A**PPEARANCE（外觀）
* **C**APITALIZATION（大寫字）
* **E**RROR ANALYSIS（錯誤分析）

161. 為促進學生寫作時字體的工整和可讀性，把真實生活情況加入他們的寫作經驗裡。結交筆友、感謝函、工作申請書和開支票，都是真實生活裡會被強調字體工整和可讀性的重要例子。

162. 要求學生在故事完成後把自己的故事大聲朗讀出來，或將它錄音下來。要學生在讀每一句之後暫停一下，許多學生就能藉此察覺連寫句和文法的錯誤。容許學生有足夠時間來修正自己的文章。

163. 由於書寫語言是一種溝通的形式，允許學生經常與人分享自己的故事和報告。能讀到和聽到好的寫作範例，對學生而言是很重要的。如果學生不想在全班面前朗讀，那就不要勉強他們這麼做。

164. 允許學生為最後修訂的稿子使用文字處理的軟體。學生可以做最後的拼字與文法檢查。

165. 對於某些學生，你也許需要看的是作業的品質，而非份量。在撰寫主題句、細節和一個結尾句時，允許他們創作一個有品質的段落，而不是一連串的段落。

166. 在撰寫課堂報告時，允許學生使用填空式表格。一個有關鳥的主題的範例可能是：

> 我的鳥是一隻＿＿＿＿＿。
> 牠住在美國的＿＿＿＿＿部。
> 牠的顏色是＿＿＿＿＿。

老師可視學生的個人需要在填空式表格內加上足夠的細節。此一做法能適用於所有年級的學生。

167. 協助學生使用主題句（topic sentence）來完成一篇研究報告。鼓勵學生找出報告內容的細節，小學生可用一個主題句，再加上幾個支持性細節的句子來開始報告的撰寫。而在中學階段也許需要五到十個主題句，依設定的主題和班級要求而定。對於某些學生，有必要修正參考書目所列的資料數量，尤其是有閱讀困難的學生。

168. 允許學生以另一種形式來呈現期末專題報告。錄影帶、示範、展覽或是口頭發表都可利用學生的長處。

◎ 寫作前的構思階段

某些學生的寫作能力和其同儕可能有極大的差異。對一些學生而言，可能是在寫作前的構思階段。如果學生剛好處在構思階段，你可依據他的個別化教育計畫來提供平行或補充活動。列在精細動作那一節裡的構想和策略會提供這些學生額外的支援。

169. 當一位大人在寫故事時，同時讓學生將故事口述給你聽。學生可練習

大聲朗讀這篇故事，並描摹各個單字裡的字母。

170. 運用學生的個人詞彙，並結合閱讀、書寫語言和拼字！要求學生口述一篇簡單的故事，而同時由一位大人把故事寫下來。將故事拆成單獨的句子，然後由學生把每一句抄寫到不同的句子卡上；稍後把這些句子卡組成最後的故事版本。把句子卡當作每日寫作活動的目標是很有效的，因為它們容易被監督和調整。當故事完成時，學生可以練習朗讀故事。藉著讓學生重新整理句子卡的順序，你會注意到他是否會讀這篇故事或只是把故事背起來。這樣往往有助於學生學會閱讀和拼寫簡單的生字。一旦學生對故事熟悉就製作一卷錄音帶，學生可聆聽故事並隨著錄音帶一起大聲朗讀。故事中的單字也可被納入拼字清單裡。

171. 採購在市面上買得到、一種有凸起線條的習作本，學生可用此習作本練習字母和字的構成。如果你是在中學裡任教，聯絡小學老師看看有什麼可利用的練習簿。

172. 將學生的題目和答案用鉛筆寫下來。允許他用粗大的彩色字描摹答案。利用彩色鉛筆作多次描摹。

173. 讓學生練習從黑板、投影機，或是靠近他位置的範本上，把教材的內容抄寫到紙上。或許他的最後成果和同儕有所不同，在這種情況下，也許他的寫作是以手寫為目標，而其他學生則利用相同的教材完成另一項作業。

174. 允許學生用說明答案的方式來替代書寫。

175. 藉著描摹板（templates）讓學生發展精細動作的控制能力。字母和圖像的型板都可在市面上買得到。

176. 讓學生利用描圖紙從著色本上描摹大的物件。

177. 讓學生從一個範本上複製一些簡單的形狀。從粗線條的形狀開始，然後再前進到連結不同的點和線。

178. 利用黏土、沙盤和描線器，花一些時間來練習字母的構成。提示對於某些學生是有其必要的。如果某位教師助理或成人義工有空，他們也許有必要在最初階段給予口頭的提示，或以輕柔動作引導學生使用雙手操作。

179. 容許學生去做一些點與點間連連看的作業。把字母 A、B、C 和數字 1、2、3 連成一幅圖畫的活動都可利用。

180. 把時間花在更多精細動作的練習，像是用線串珠子，設計一個木製洞洞板、縫卡片、編織、剪報或玩黏土等活動。

 ## 拼字困難

　　拼字對許多成人而言是困難的，那麼你就不難想像許多學生所遭遇到的拼字困難！藉由經常在字典裡查詢你不認識的字，來為學生建立一個正面的榜樣，同樣也對學生示範如何使用百科全書。教室裡應準備一套輔助學習的百科全書和參考書。如果有可能，應同時包括讓不同程度學生使用的字典和百科全書。提供一份學生經常拼錯單字的清單，教導學生如何在電腦上使用文法與拼字檢查軟體。

181. 當某位學生的文章乍看之下有很多拼字錯誤，他似乎看起來缺乏創意，也沒有放入具體想法，允許學生使用發音的方式拼字。如果可能的話，讓學生朗讀文章給你聽；和學生一起修訂這篇文章。要對學生的任何努力嘗試給予鼓勵。

182. 要求學生保留他個人常拼錯單字的清單。每當有學生詢問如何拼某個字或在參考書上查詢單字時，把它列入學生的個人字典中。當大部分學生持續拼錯相同的單字時，他們將會很快發現自己的錯誤類型。

183. 允許學生用錄音機錄下他的答案，稍後再把它抄寫下來。鼓勵學生多利用字典和百科全書。

精細動作的困難

有些學生的腦子裡有很棒的想法，而且非常有創意。當要把構想轉換到紙上時，他們在精細動作的遲緩，往往導致了寫作的困難和挫折。為了補償精細動作的控制困難，允許學生使用簡短、片段的句子寫作，而不是讓他們的創意在瞬間悄悄溜走。你將發現一個有趣的現象，當書寫障礙消除時，這些學生可能成為你最有創意的學生。

184. 檢查學生握筆的方式。將膠布繞著他應該握筆的位置，或把一個握筆器夾在鉛筆上。假使學生在寫字時作業紙經常在桌面移動，就用膠帶把紙張貼在固定的地方。針對年齡較大的學生，寫字夾板往往有助於把紙張保持在適當的位置。

185. 在教室裡提供學生各種大小格子的習作本。用最大格子的習作本開始練習，再慢慢把習作本的格子變小，直到學生能使用適合他就讀年級的習作本。假使你無法在市面上買到適合的習作本，就用手工或電腦製作並把它影印使用。

186. 用鉛筆把學生的答案或故事寫下來，然後允許他用細簽字筆或彩色鉛筆描摹。鼓勵他用可擦拭的筆來抄寫最後的版本。

187. 提供學生最靠近他位置的範本讓他抄寫，以取代從黑板或投影機的遠距離抄寫方式。假使一位年齡較大的學生對草寫體書寫感到困難，容許他使用印刷體或膝上型電腦來寫作。

188. 給學生一個小張的字母卡片，他可因此看到字母的正確構成方式。容許學生在寫作時使用手寫體或草寫體，依照他的個人偏好而定。

189. 假如適宜的話，為學生寫下部分或全部的作業。讓家長了解，父母親對家庭作業應有適度期待。註明在什麼情況下，可讓學生用手寫或打字方式完成家庭作業。

190. 修正指定作業的長度。如果作業份量很多，把它拆成幾個部分，並允許學生每次只做一部分。份量較多的作業可利用幾天來完成。

191. 要去看學生作業的品質，而不是產出的份量。當學生完成一項被強調品質的作業時，確定他有足夠時間完成最後成品。

192. 在學生做一項份量很多的作業時，提供他一台文字處理機或膝上型電腦。

「學習的進展，取決於教師能否察覺學生未利用資源的能力，並利用這些資源把技能開發到最佳優勢。」

Rudolf Dreikurs

「不聞不若聞之，聞之不若見之，見之不若知之，知之不若行之；學至於行
之而止矣。」

荀子〈儒效篇〉

第六章 ···
拼　字

　　拼字應和學生的閱讀程度相符。調整拼字課程可能像調整拼字表長度
一樣地簡單，但也有可能很複雜，像為特殊需求學生設計適合的拼字課程
一樣。

　　對於正式的拼字課程尚未準備好的學生，他們需要多些時間發展精細
動作及發音的連結能力。音素覺識訓練可加強某些學生對口語詞彙的聲音
結構的感受性。當學生對聲音結構有所了解，熟練的操作不同語音片段時，
就能逐漸進入正式的拼字課程。

　　針對已經了解聲音與符號之間關係的學生，要先教他子音字母，因為
按照拼音規則只有少數例外的發音。發展一些可代表母音字母的圖片提示，
並把這些圖表張貼在教室裡。務必確定當你在教母音字母的發音時，一貫
地參照相同的圖片。一旦學生發展語音／符號關係（sound/symbol relation-
ships）時，你就可以教字族（word families）了。加強學生對字族的認識。
當學生的反應變成習慣性時，則進入下一個字族的學習。

　　在本章「拼字的複習方法」那一節裡，列出不同的複習方法。

不同年級程度的拼字表

在一般的拼字課程裡，教師往往能使用最少的調整來幫助障礙學生達到成功。

193. 藉由調整拼字表上的生字數量來修正拼字表。

194. 設定學生個人的拼字目標。對於在拼字測驗持續挫敗的某個學生，他第一週的目標可能只是精熟兩個單字。當他在初級階段體驗成功之後，才接著提高目標。期待屢遭失敗的學生在一週內把拼字正確率從 0%增加到 100%的目標，這是不實際的。

195. 當學生在連續三次的拼字測驗上達到精熟程度，則增加其單字數量。

196. 將學生要拼的單字用字族來分組，學生因此能專注於單字的組型。一旦學生學會了簡單的字族，例如像 at、hat、pat、rat，則改變母音字母為短母音。現在 hat、pat 和 rat 變成是 hot、pot 和 rot。為每個單獨字母製作一套閃示卡（flashcards）。子音字母使用一種顏色，而另一種顏色給母音字母。學生們可以設計自己的單字閃示卡。

197. 如果學生無法讀出拼字表上的大部分單字，將他不熟悉的字刪除。插入經常使用、一見即懂的視覺字（sight words）或目前單字組型裡用到的單字。

設計拼字表

198. 在設計補充的拼字表時，此拼字表必須與學生的閱讀程度相符。在安排拼字補充課程時，要將基礎讀本（basal reader）的單字納入其中。

199. 選擇與學校課程相關的拼字，而且跟學生目前的字彙程度相符。就某

些學生而言，對他較具挑戰性的拼字也許只是期待他把單字讀出來就好。

200. 從學生的基礎讀本裡選出單字，並成為一個字庫。根據字族的特性，將這些單字分組，要包括一些視覺字在內。你也許還想從其他讀物中挑選出幾個單字。

201. 使用電腦設計三份拼字表。其中一份單字表必須包括在教室環境裡會使用到的單字。這三份拼字表應包括：一份有關語音字（phonetic words）的拼字表；一份視覺字拼字表；以及一份同時包括語音字與視覺字的拼字表。即使特殊需求學生的個人拼字表可能包含不同的單字，但所有學生都可像同儕一樣地練習。這有助於滿足這個班級裡所有學生的需求。

202. 利用上一學年的拼字表，但調整它的內容以適應目前年級的拼字表形式。

 ## 並行的拼字活動

並非所有學生都為正式的拼字課程作好準備。有些學生可能需要一些並行的拼字活動；這些活動可讓學生獨自、和同儕一起或和教師助理一起完成。

203. 如果某位義工或教師助理有空和學生一起做功課，那麼用 15 到 20 分鐘來教導語音的連結（音素覺識）。強調字的開頭、中間和結尾的發音。利用圖卡代替字母來表示發音。譬如說向學生展示三張圖卡：cat（貓）、apple（蘋果）、napkin（餐巾）。要求學生連續說出每張圖卡的第一個音——CAN。然後，要求學生把這些音混合在一起造一個新字。在這個例子裡的新字就是 can。使用這三張圖卡，要求學生告訴你他們聽到幾個音（3）。要求學生指給你看 c 這個音（開頭）、a 這個音（中間），和 n 這個音（結尾）的位置。一旦學生對幾個字彙

熟悉了，你就開始改變開頭和結尾的音。當學生已掌握這個步驟時，你就可以開始教單字的組型，這就是學習押韻的必要條件。

當學生在發音階段能應用這些技巧時，就準備進入下一個階段——發音與圖像字母之間的關係。

一旦學生理解某個音與單字的關係，便開始把發音與實際字母連結。當全班學生拿到每週的拼字表時，就是把單字的第一個字母寫在紙上的時候了。學生的目標是發展語音連結和精細動作的能力。

204. 提供學生一組子音字母的索引卡。當你對全班說出某個單字時，讓學生挑出首字母是那個子音的閃示卡，並高舉著卡片。一旦學生學會挑選字母開頭的音，同樣的方法可用來學習結尾的發音。

假使你只是在教導語音辨識，讓學生有一組圖片，然後要求他舉出與他實際聽到的語音有關的單字圖卡。

205. 一旦學生認識幾個字母和其發音時，可以使用基本視覺字和簡單語音的單字來開始（例如像 a、at、am 和 an）教學生拼字。

206. 使用學生熟悉的單字來教拼字。學生的姓名與家中成員、朋友、同儕或寵物的名字都很適合練習拼字。利用拼字表上的單字創造一些簡單的句子。反覆練習這些句子直到熟練為止。這一節拼字課可結合寫字或寫作活動。範例如下：

> ┌─────┐
> │ 拼字表 │
> └─────┘
> I（我）
>
> Meg（梅格）
>
> am（是：第一人稱現在式）
>
> is（是：第三人稱單數現在式）
>
> name（名字）
> ·······································
> I am Meg.（我是梅格。）
>
> Meg is my name.（梅格是我的名字。）
>
> My name is Meg.（我的名字是梅格。）

207. 提供學生練習單字和句子的習作本。學生可用不同顏色的彩色蠟筆、粗簽字筆或彩色鉛筆描摹單字和句子。學生還可用水彩畫筆沾水在小黑板上寫字，或用繪畫顏料、刮鬍膏。還可把字母及短的單字寫在一個 8.5×12 英吋，裡面填滿有顏色的米、砂或鹽的盤子上。

208. 採購一些 1 英吋的小磁磚（或自己用厚紙板製作），然後把拼字表裡的字母寫在一個個磁磚上。使用一種顏色寫子音字母，而另一種顏色寫母音字母。要這位學生用這幾塊磁磚來造字。利用同儕做拼字的訓練，並且監督該學生的進步情形。

訓練與練習

訓練與練習（drill and practice）的活動每天都在教室裡發生。要讓這些作業呈現多樣化。務必確定學生對學習負起責任，並符合每天的學習目標。

209. 把拼字表上的單字以**字族**的特性來分組。例如：make、bake 和 take。在單字前面加上字首，像是加上 re 變成 remark、retake、rebake。然後加上像 ing 的字尾，就是 remaking、retaking、rebaking。

210. 把包含相同字首和字尾的單字分成一組。字首和字尾的拼法與字義要分開來教。這對於那些不再有正式拼字課程的中學生尤其有幫助。

211. 提供學生螢光筆，他們可以使用視覺分辨的輔助，把基礎字、字尾和字首強調出來。另一種選擇是，要求學生用不同顏色的簽字筆，把每個音節寫出來。

212. 每次只教一種拼字的規則。

213. 提供一個可從近距離抄寫的練習範本。當學生從遠距離的範本抄寫他不認識的字時，許多學生會對此感到困難。

214. 將拼字與寫字的目標結合，以提供更多時間給訓練與練習。

215. 當指定拼字的訓練與練習活動時，至少給學生十分鐘的時間。組織技能有困難的學生至少需要十分鐘，以找出和整理他們的資料，然後才能開始練習。

216. 不要求學生每天練習所有的單字，這可能會讓他們吃不消。如果學生被一長串單字表弄得灰心、氣餒，允許他們一天練習二到三個單字。

217. 以下提供訓練與練習活動的一覽表。允許學生每週一或兩次，選擇一種額外的方式來練習拼字。這些活動建議包括：

拼字賓果遊戲——每位學生設計自己的卡片，在練習拼字時學生可和一位搭檔或一個小組一起玩。

猜字遊戲——學生在練習時以搭檔方式來玩。

字的尋寶遊戲——學生在方格紙上設計單字尋寶遊戲，並和一位朋友共用。

詩、故事、謎語和笑話——學生用他們的單字來創造短篇故事、詩、謎語和笑話，以便跟班上其他同學分享。

圖畫——畫一些好笑的圖畫，要把能代表那些單字的圖案畫入圖畫裡。

同義字、反義字和同音異字——選出與拼字表對應的同義字、反義字和同音異字，然後由一位同儕猜出相關單字的拼法。

拼字團體遊戲——如果用的是像「拼字棒球」、「足球進攻」這類的拼字遊戲，確定允許學生使用他們的學習風格。並非所有學生都能大聲把字拼讀出來。允許學生在展示他們的答案前，先用紙和筆把那個字寫下來。

電腦——有好幾種市面上買得到的電腦軟體課程，可把每週的拼字加進該電腦課程裡。

218. 使每天的訓練與練習活動多樣化。在紙筆作業之外，允許學生在黑板上、在小組，或在錄音帶上使用口頭方式練習。

219. 針對年紀較小的學生，則用刮鬍膏、砂盤、繪圖顏料來練習，或是把字寫在布丁上。

220. 提供學生拼字表的錄音帶。學生可在課餘時間裡獨自練習，或把錄音帶帶回家。如果學生需要重新測驗，或他在拼字測驗時缺席，還可把錄音帶拿來使用。假使你打算在那週一開始為學生做前測，就把錄音機打開來，可以為那些想用錄音帶練習、缺席的學生事先錄音，甚至期末測驗有需要也可拿來使用。

221. 提供單字卡讓學生用蠟筆或簽字筆來描摹。這可以提供字母如何正確構成的訓練與練習。每個字使用三到四種顏色來描摹。

222. 鼓勵學生在寫字時把這個字的發音唸出來。

223. 允許學生在打字機、電腦或文字處理機上練習。要求學生每個字至少打字打三遍。舊式的手動打字機可善加利用。

224. 幫助學生利用記憶術來學習拼字。針對比較困難的字，學生可以創造一些簡單的句子來幫助他們記住單字。例如，代表 because 的好玩句子也許是：Brave Eddie Catches And Uses Slimy Eels to fish.（勇敢的艾迪抓住且用黏滑的鰻魚來釣魚）。對於經常拼錯的單字，則要求學生創造出好玩的句子來與同學分享。

字形的形態線索（configuration clues）往往有助於學生想起某個單字的正確拼法。譬如說，because 這個單字的外形是「一開始有個高盒子，後面跟著六個小盒子」。學生在拼 because 這個單字時常犯的錯誤是插入字母 k。由於 because 這個字裡面只有一個高高的字母，字形的提示能夠幫助學生記得那是字母 c 而非字母 k。「五個小盒子」會幫助學生記得這個字的 cause 部分，它替代了許多經常被用到的變異（cuz、cuse 和 cuze）。

225. 允許學生去試驗和選擇對自己最有效的複習方法。請看下一節。

拼字的複習方法

　　對於障礙學生而言，最有效的方法就是利用學生的長處。這裡列出三種複習拼字的指導原則。容許學生使用不同的方法來試驗，以決定哪種方法最符合他們的學習風格。

視覺學習者

226. 這種方法著重於學生的視覺優勢。這種方法適合聽力損傷的學生、依賴視覺組型的學生，以及在聽覺處理有困難的學生。
　　※在老師大聲唸出這個字的同時，要求學生看著這個字。
　　※學生靠唸出、拼出和再唸一次去學習這個字。
　　※學生閉上眼睛，試著不看範字而口頭拼出這個字兩次。
　　※最後，學生試著不看範字而寫出這個字。

聽覺學習者

227. 如果學生非常依賴聽覺技巧來學會新的單字，可在拼字課程裡實施以下步驟。這種方法適合於一些視力損傷的學生，以及精細動作有困難的學生。
　　※學生觀察老師唸出、拼出和寫出這個字。
　　※學生唸出這個字，並且模仿老師口頭複述這些字母。
　　※學生再一次聆聽老師拼出這個字；學生模仿老師複述這個字。
　　※學生不用協助，自己拼出這個字。

多感官學習

228. 一種「遮住並寫下」的方法，適合那些偏好多感官學習的學生。

＊學生看著這個字，並且發出音來。

＊學生大聲地把這個字拼出來。

＊學生把這個字遮住，然後把它寫下來。

＊學生將這個字跟範字作比較。

＊如果學生能正確寫出這個字，把這個字練習三遍（假使這個字拼錯了，則要他重複整個程序。）

＊做最後的檢查。如果這個字拼對了，則繼續下一個字。

229. 允許學生試驗不同的方法。選出一種最符合學生個別需求的複習方法。如果學生在期末評量的表現持續不佳，那麼鼓勵他嘗試不同的複習方法。

230. 要學生定期和同儕、老師或教師助理一起練習拼字，以確保他能正確地練習。在學生單獨練習時經常查看以確認他是否做對。

拼字測驗

對某些學生而言，拼字測驗引起他們極大的焦慮。他們不僅需要學會拼字，某些學生還需要學會唸出這個字。對於那些精細動作有困難的學生，他們得費盡力氣去製造一個可辨讀的成果，以至於在拼字過程中逃開。某些學生真的無法在團體測驗中，保持像其他人一樣的拼字速度。

231. 以口頭測驗來替代筆試。將學生的成績寫在索引卡或紙張上，請他們交給普通班教師。

232. 特別針對那些有嚴重精細動作困難的學生，為他們寫下答案。

233. 在教不發音的字母時，提示每個單字裡的字母數目。這會幫助依賴語音的拼字者記住這些不發音的字母。

234. 每天測驗幾個字，而不是一學期只舉行一次期末測驗。

235. 允許學生另外找時間，由特教老師或教師助理陪同一起考試。把團體測驗當作是一種練習測驗。

236. 對於拼字能力較差的學生，允許他自閃示卡中選出正確的拼字（目標是識字）。

237. 假使學生需要長時間來處理訊息，提供一卷預錄版本的測驗錄音帶。讓他只要有需要就能暫停錄音帶，並想一想這個字。

238. 如果學生經常把字母寫顛倒，要求他口頭拼出這個單字。允許口頭拼對的答案也可以給分。

評分

239. 記錄預備測驗和最後測驗的分數。考慮給予學生兩個成績：一個是根據預備測驗和最後測驗之間的進步情形，而另一個是兩個分數的平均成績。

240. 鼓勵學生把預備測驗和最後測驗的分數製成圖表，來監督他們自己的拼字進步情形。

241. 要求學生設定每週要達成的拼字目標。如果學生符合了個人目標就獎勵他（即使他沒有達到全班被要求的成績）。

242. 評分時務必要配合在個別化教育計畫中所註明的評分或標準的調整。

「將機會擴大，人就會發展自我以滿足它！」

Eli Ginzberg

第七章

數　學

　　許多學生接受數學補救教學的特教服務，他們的數學困難往往以不同的形式顯現。數字顛倒（number reversals）是常見的情形之一。對很多學生而言，複雜難懂的文字題（word problems）是艱難的，他們必須完成多重步驟、理解特定詞彙，在一個應用問題裡執行好幾種計算。學生經常被要求記住像是加法和乘法等數學事實。由於數學技能是建立在學生之前學習的基礎之上，缺乏基本技能的學生會遭遇進階學習的困難。通常學生會被要求抄寫數學習題，對很多學生而言，對齊行列或從範本中抄寫數字是困難的，因為這些數字之間沒有關係。聽覺處理（auditory processing）、視覺處理（visual processing）、題目難易的順序，以及如何把資訊從短期記憶（short-term memory）轉換到長期記憶（long-term memory），都只不過是影響數學學習的少數因素而已。

　　在學習基本數學技能時，有些學生需要使用操作性教具（manipulative material）。在使用操作性教具時，他們必須先使用操作物來證實運算的正確性。通常得到答案時，他們要在短期記憶中保存這個資訊，然後把解答轉換到答案卷上。由於許多障礙學生有記憶的困難，所以這並不是一件簡單的任務！對於某些學生來說，操作性教具的使用令他們困惑，因為他們看不到具體物與實際問題之間的關係。

去分析課堂上所使用的數學課程也是很重要的。在小學裡，有些數學課程每天都介紹新的概念，卻允許學生極少的時間做訓練與練習。儘管在接下來的數學課裡，這些概念會一直循環地出現，但對數學障礙學生而言，他們往往沒有足夠的訓練與練習把概念真正地吸收進去。當概念透過此課程被循環時，學生也許覺得它好像是新的，又保有些許以前學習的記憶。對於某些學生來說，考慮到日常訓練與練習的重要性時，這些概念也許需要重新被組合。

在較高年級裡，很多學生因為尚未掌握基本技能而遭遇更多的困難。例如：尚未學會加、減法基本技能的學生，必定會有乘、除法的困難。當進入更高年級時，學生被要求的先備技能增加了，而他們會有學習更落後的可能。

當提供數學服務給障礙學生時，請參考本書日常作業和課堂評量這兩章。這兩章提供許多適用於數學領域裡的實用構想。

 一般的教學策略

243. 許多障礙學生對抽象概念的學習有困難。在現實生活情況裡介紹數學概念，這樣的關聯性會有助於學生理解概念及原理。使用腦力激盪的方式創造一份班級清單，列出在日常生活中會利用哪些數學方法解決問題。當教到一個新概念時，參考原有的清單並判斷為何此一數學技能是重要的。在清單內加入更多的想法。下列有些想法驗證了數學的日常用途。

百分比：計算購買衣服的折扣、儲蓄帳戶的利息，或是當地運動比賽隊伍的統計資料。
圖表：用圖表來表示考試成績、一個月份的天氣狀況，或以圖表來表示一週內所消耗的食物種類，藉以分析個人的飲食習慣。
加法、減法和小數：維持和平衡一個支票帳戶或儲蓄帳戶。
測量：最喜愛食物的雙人份食譜，或測量教室面積並在方格紙上畫出

一個新的設計圖。

時間：大眾交通運輸工具的時刻表，電視節目表或計算工作時數的記錄卡。

244. 在教導新的數學概念時，不要擔心學生的計算結果是否精準。先教導學生了解那個概念，並確定他們了解計算程序。操作性教具和圖表的使用對很多學生是有幫助的。

245. 分開教導基本的數學專有名詞。提供一本數學專門用語的詞典，包括說明這些名詞的簡易圖形和範例，以及不同的解題步驟。

246. 在教導抽象概念時，利用圖形、圖表和視覺示範來幫助學生建立起概念之間的關聯性。

247. 使用彩色粉筆或簽字筆示範新技能，這將有助於引導學生的注意力到教學重點上。例如在教導進位概念時，將個位、十位或百位的數字用色碼（color-code）來區分。

248. 很多坊間出版的數學練習簿，在同一頁習作裡包含了混合的題型。一種常見的例子是在某頁習作裡同時有加法與減法的問題。要求學生先完成一種題型的運算，再繼續練習第二種題型。

249. 把數學問題區分為不同類型，每次只教一種技能。如果某一頁作業裡包含幾種類型的計算題，先針對某種技能給予足夠的訓練和練習，再繼續教下一種技能。

250. 示範及教導數學事實（math fact）之間的關係。要找出其中模組（patterns）所在，這將有助於學生建立數字的關係。

251. 如果實際可行的話，利用操作性教具示範數學問題。在你示範時，對學生說明每一個解題步驟。在學生反覆練習時，要求他們說出每個解題步驟。聆聽將有助於你了解學生的思考歷程，並容易分析他們為何遭遇困難。

252. 教導數線（numberline）策略時，在地板上畫一條很長的數線給學生在上面走，藉方向性（directionality）來幫助他們學習。

253. 示範如何使用數線做加、減法計算，以及用組群做數算。針對那些會把數字顛倒的學生，數線可作為實際觀察的學習輔具。若年齡較大的學生覺得這些教具令他們尷尬，則用一個鐘（錶）面、一把尺示範，也能提供相同用途而不會太引人注意。

254. 在教導錢幣概念時，使用真正的錢幣來替代紙張或硬紙板做的假錢。對於依賴視覺處理訊息的學生來說，要求他去辨別作業單上錢幣圖案之間的差異是極為困難的。

設立一間模擬商店，提供學生真實的練習活動。提供紙幣給學生購買學校用品，像是紙、鉛筆、尺，或是任何在上課日需要用到的東西。當學生交回購買的用品時，他們的錢會被退還。模擬商店販售物品的價錢每天都會有變動。

另一種選擇是提供舊的購物目錄和雜貨店的廣告。要求學生製作一份採購清單，然後要求學生採購這些項目。

255. 在作業單上提供足夠的答題空間，學生不需再使用另一張紙來謄寫解題的答案。

256. 使用電腦軟體取代限時測驗（timed tests）。許多坊間出版的數學電腦軟體可預先設定練習的份量和時間。針對某些學生的需求，你也許希望把使用電腦的時間增加一倍，再將他們的測驗結果除以二，這樣會提供一個相當正確的測驗成績。這將允許學生有額外的時間來組織其思考及適應電腦的使用。

257. 要求學生使用圖表來繪製限時測驗的成績，並找出他們進步的地方。對於多數障礙學生而言，限時測驗會導致他們極大的學習挫折。

258. 經常複習和加強你之前教過的技能。每天都以複習前一天教過的概念，來開始每一堂數學課。身為老師的你一定能做到，如何去檢視學生是

否記住之前那堂課的知識。如果你沒有做到這點，就複習或重新教那堂課，這對於數學教學特別重要，因為許多新技能是建立在學生之前學過技能的基礎上。

259. 許多障礙學生需要在寫作業的過程中獲得立即回饋（feedback）。數學中心（math centers）的設計是一個很棒的教學構想，它可以被用來複習和加強之前教過的技能。可用最少的力氣來架設下列建議的數學中心類型，這裡將包含多層次的數學活動，能方便各種學習程度的學生參與。此數學中心也可提供學生自我校正（self-correction）的表格，或以合作小組（cooperative groups）方式學習。以下建議可讓你順利開始。

餐廳——要求學生從當地不同的餐飲業者那兒蒐集外賣菜單。讓學生挑出一份菜單，選擇幾個單獨項目，然後確認這些項目的合計費用，包括稅金和小費。如果你希望學生能核對總金額，可設計各個餐廳菜單的選擇卡。在菜單正面寫下某間餐廳的名稱和它最具特色的餐點名稱。在菜單背面寫下訂餐程序及問題的解答。把菜單護貝成一張卡片。

商店——在數學中心裡設計一個雜貨店、玩具店或服裝店。提供各種商品目錄、報紙和廣告。針對年齡較大的學生，也許提供他們特賣活動、空白支票和購買記錄的支票登記簿。還可提供商店的信用卡，學生可計算每月付款加利息的金額。學生可以再次採購所需要的項目，或提供他們附有具體指示、說明的自我檢核表。

居家裝潢中心——在此類型的數學中心需要大量的家飾目錄。學生可以設計他們夢想中的房間，或者用指定的預算裝飾一個住家。年齡較大的學生可實際測量他們的房間，然後只購買那些真正適合的項目。使用目錄上的產品說明取得傢俱的長度和寬度，學生可使用方格紙來設計真正的配置圖。

操作中心——在此類型的數學中心，你也許會想包括一些幾何板、七巧板和立體幾何積木。

電腦中心——此類型的數學中心將提供學生複習用的電腦軟體，以及

與目前教學目標有關的軟體。你也許想包括一張使用登記表和一個時鐘（或計時器），所有學生因此都有參與的機會。

260. 在教導文字題時，將詞彙簡化並刪去不相關的訊息。要教導與該應用問題有關聯的那些關鍵字。在教導文字題時做到以下所述將有所助益：

> 首先，要求學生把題目唸出來以判斷問題是什麼。
>
> 再讀一次題目，找出題目中的關鍵字。其中一些關鍵字是：
>
> 合計、合起來、總共、剩下、用掉或剩下。
>
> 如果可行的話，以圖示法畫出題目的圖案表徵。
>
> 寫出問題的列式。在解題前先估算答案。如果所估算的答案
>
> 看似合理，就去解答問題。

261. 發展一份數學基本領域的分析表。使用此檢核表明確判斷學生會出現困難的範圍，並在他們的日常作業中找出錯誤類型（error patterns）。假使某位學生對某個習題或程序有極大困難，要求他以言語來表述解題步驟。有些學生遭遇困難，可能是因為某個解題步驟被忽略，或正在錯誤執行某個步驟。錯誤類型通常出現在以下方面：對數學事實的知識不足、不正確的運算或使用無效的策略。

◎ 並行的數學活動

有些學生不能，而且將永遠無法像其他同學一樣完成相同的課程。針對這些學生，明瞭其個別化教育計畫裡的目標是很重要的。當你有教學支援能利用時，經常將補充教材搭配目前班上的教學活動。以下所列僅是少數幾種數學活動的構想，它們可由教師助理或同儕小老師協助完成。

262. 要決定這項技能是否為實用的生活技能。實用技能是那些會幫助學生獨立生活的技能。

在教室裡保留一些學生可獨立操作的各類教材。將這些教材存放在一

個籃子裡，務必確定學生知道此特別的籃子放在哪裡。籃子裡包括骰子（數學基本事實），有自我校正功能的計算機、閃示卡、認識時鐘的活動、拼圖和分類活動等。一直到教學支援到達之前，所有活動都必須是學生能獨立操作的。

263. 讓特殊需求學生使用跟班上同學一樣的課本，再為其提供補充教材。譬如說，假使全班正學習加法的進位，則該學生可做一些基本加法事實的題目。如果普通班老師能夠讓題目多樣化，並針對該學生設計特定的問題，那麼他仍然可以參與班級的討論、表現和使用相同的教具。

264. 使某位學生個別化教育計畫裡的目標和你的數學教學產生關聯。假如某位學生的學習目標是認識數字，那麼就利用班級的日常作業或普通班課本讓他做練習。倘若他的學習目標是要能正確寫出數字，那麼他可以從普通班課本上抄寫習題。

265. 為某位學生訂購一本補充教材，你可以在全班上數學課時也提供他直接教學。在全班的獨立作業時間裡，要求這位學生完成補充教材裡的某項作業。

266. 在當地商店購買便宜的連連看教材。這些連連看的活動將有助於學生學會數字的先後順序和辨識。

267. 使用描圖紙或型板來學習數字構成（number formation）。

268. 製作一整組的數字卡，並利用它們排列數字的先後順序。也可在一對一的對應、從最小數字排到最大數字，或是辨識數字的教學上使用這些卡片。

269. 提供有數學符號的卡片給學生，學生可利用這些卡片做數學運算，然後把運算的列式抄寫到紙上。

270. 蒐集貝殼、珠子、各種形狀的義大利麵和鈕子，把它們放進盒子或袋子裡。利用這些收藏教導學生對物件區分（sort）和分類（classify）。

還可利用這些教材幫助學生建立一對一對應的概念。

271. 利用雞蛋盒做各種材料的分類，並建立組（group）的概念。利用組的概念介紹加法和減法。

272. 教導學生使用計算機。允許他使用計算機做某些習作的題目。

273. 要求學生依完成時間的先後來整理他的個人作業。

274. 儘可能地使特殊學生的評量、日常作業和獎勵與普通班的數學課程一致。

275. 為特殊學生設計可和班上其他同學一起玩的遊戲。策略 # 259 說明這些活動可使特殊學生輕鬆融入各數學中心。使同儕小組的活動多樣化。

調整數學作業

276. 將彩色的箭號畫在學生的學習單上，使用特定方向來協助他學習。幫助他從左到右（像閱讀一樣）做數學計算，而非從右到左的方向。

277. 把直式題目的個、十、百位數字之間畫上一條直線，學生就能把計算出來的數字記在正確的那一行。

278. 將個位數的那一行加上一個方框或是把它強調出來，學生就知道他應該從哪裡開始做計算。

279. 為了幫助學生在做直式計算時能把數字對齊，可以將他的筆記本反轉過來，每一行就會變成垂直的而非水平方向，或利用方格紙也能達到相同目的。

280. 從出版商那裡採購消耗性課本。那些有精細動作困難的學生就不必抄寫習題，而可把較多時間花在實際計算上。

281. 假如你無法取得消耗性課本，那麼把課本影印放大，學生就可在影印的那一頁上寫字。

282. 進行問題解決活動時，向學生強調解決步驟的重要性，而不是最後的解答。許多學生不願意參與問題的解決，是因害怕最後的計算結果是錯的。

283. 將文字題的解題步驟編號，並對學生強調題目裡的重要字彙。

284. 當學生在了解加、減、乘、除法的計算程序時，允許他使用圖表和計算機來計算。

285. 當學生在使用加法或乘法表時，提供他一個剪下的「L」型的圖樣。這將協助他找出某一行與某一列所交叉的那格。

286. 要做出正確的教學判斷。某些學生能記住數學的基本事實，在你提供計算機之前要先給他足夠的時間練習。而對其他學生來說，熟記可能是極度困難的，你可能在一開始教學時就想使用計算機。

◎ 學生的輔助工具

287. 在教導多步驟的計算題時，把計算步驟寫下來以作為學生的學習指引。在寫下的步驟旁提供一個視覺範例，因此學生能看到範例與書面問題之間的相關性。

在除法計算過程中需要多重的步驟。「dad、mother、sister、brother」是一個常被用到的記憶術，它代表divide（除）、multiply（乘）、subtract（減）、bring-down（剩下）的技巧。

288. 為某位學生設計一本小冊子，當作他個人保存的數學參考書。這本小冊子應包括那些適用全班的基本數學概念。當他對某個數學運算感到

困惑時就可以拿出來參考。此參考書要包含數學詞彙和針對每個步驟的視覺圖解。

289. 在學生的課桌或數學課本上貼一條數線，這將有助於他學習加法、減法及數字的正確構成。這方法還會幫助那些容易把數字顛倒的學生。

290. 教導學生如何使用教室裡的時鐘，把它當作是一個 12 的數線。這對於抗拒在課桌上放置數線的學生將有所幫助。

291. 設計一張有兩條數線的圖。一條標示朝右箭號的數線是給加法使用，而用在減法的那條數線則有向左的箭號。這將有助於學生吸收正確的概念。

292. 如果學生對於數字的構成有極大困難，允許他使用數字橡皮圖章或電腦。

293. 一旦學生能掌握這些程序和概念，允許他在所有的計算上使用計算機。

294. 利用自黏式便條紙來幫助學生記住課本中題目的位置。

295. 對那些掙扎、奮鬥於計算的學生而言，觸摸式數學（Touch Math）方案是一套很棒的教學方案。一些碰觸點（或黑點）被策略性地放置在 1 到 9 的數字上面，學生要先碰觸那些點，並在做加法時往前數，或是在做減法時往回數。觸摸式數學方案可用於加法、減法、乘法和除法學習。可直接向美國科羅拉多州丹佛市的 Innovative Learning Concepts 公司訂購。

「一個人的常數是另一個人的變數。」

Susan Gerhart

> 「期待最好的、為最壞的打算，並為驚喜做好準備。」
>
> *Denis Waitley*

第八章
組織技能

「我找不到我的家庭作業。我知道我已經交了！我知道我交了！」這段話是否聽起來頗熟悉呢？

當你針對障礙學生的特定需求去調整其作業時，學生就能將作業完成，然而他們卻經常把作業弄去了或忘記放在哪裡。有些學生對組織時間有困難，而另外一些學生則對整理自己的空間感到困擾。有些學生做起事來似乎毫無條理，因為他們無法遵循口頭或書面的指令。

這一章所介紹的重點是放在學生如何組織其物理環境。

 教室的組織工作

身為一位教師，仔細想一想你個人的組織能力如何。想想你如何安排個人的時間和空間。現在往後退一步，然後看看這個教室環境。這個教室是否看來有組織性？是否有特定的位置存放文具用品、材料和書籍呢？你是否指定一個學生交作業的地方呢？學生座位的安排是否有助於他學習呢？你是否給教師助理和義工一個空間，可以整理和存放他們的用品呢？大人必須評估孩子現有的環境。假使教室的必需用品沒有放在適當地方，與教師期望的不一致，那麼你就很難期待學生會井然有序。

296. 提供學生一張簡化的學校地圖。把教室的地點編號並加以強調。要包括學生最常走的直接路線。

297. 將學生的日課表寫在黑板上，並試著盡可能完全的遵守。在上課日裡，有些學生需要去預期接下來會出現什麼活動。還有務必確定學生學會看時間。許多家庭只有顯示數字的時鐘。如果教室裡用的是鐘面的時鐘，務必確定學生知道如何讀它。

298. 使教室的布置井然有序。提供一個繳交日常作業、遲交作業的特定位置，以及學生領取帶回家資料的地方。

299. 建立一套教室常規並遵守它。如果可能的話，學生每天的課間休息時間要大致相同。允許多幾分鐘的額外時間讓他們整理東西。

300. 發給每位學生不同顏色的資料夾。如果可能的話，使資料夾與課本的顏色一致。

301. 將所有學生的用具存放在一個固定區域。對學生清楚說明哪些東西將在這一天裡可以使用。假如有些特定東西不應讓學生使用，要事先把它們收好。

302. 關於學生座位的安排，要使他能輕易地看到黑板，而不用轉動其身體。

 ## 學生的組織工作

303. 使用不同顏色的資料夾來代表各學科。在每個資料夾裡存放一枝鉛筆、原子筆、紙和其他必需品。

304. 要是資料夾的使用使學生感到困惑，那麼就使用三孔檔案夾。把所有的資料夾和紙張都保存在同一個檔案夾裡。訓練學生將作業保存在這個檔案夾裡直到交出為止。用三孔打孔機替作業紙打孔，然後放入檔

案夾裡。這對於組織能力有極大困難的學生而言，簡直是太好了。

305. 要求學生每週至少一次，清潔並整理他的課桌及置物櫃。將資料整理成三堆：應歸檔到資料夾裡的、要帶回家的和應該扔掉的。把鉛筆削尖並且丟棄無法再使用的鉛筆和原子筆。

306. 提供給學生的所有資料都附有科目標題。這可幫助學生將資料放進適合的資料夾裡。

307. 設計一套色碼的對照表，並把它張貼出來，或要求學生在每一科資料夾的角落處，夾上一枝與該資料夾顏色相同的蠟筆。以書面作業而言，學生很容易把社會科和英語科報告的草稿混淆在一起，尤其是在中學階段的學生。

308. 學生通常需要被教導如何具備組織能力。容許學生們有時間去討論，並分享個人的組織策略。把這些構想列出來並鼓勵學生去試驗不同的組織技巧。

309. 使用家庭聯絡簿或一張作業檢核表。對學生解釋 due（到期）和 do（做）這兩個字之間的差異。教導學生用「到期日」來估計這項作業總共花費的時間，然後按先後順序來處理。某些學生需要一份每日、每週或每月的行事曆，以便理解時間概念。

310. 在指定學期專題計畫案時，要求學生列出完成此作業大約需要的時間多長。在較複雜的作業方面，則針對每個階段列出明確的日期。在到期日檢查作業，以確定學生正跟著進度走。

311. 供應學生一疊寫有「今天作業」的便條紙，可幫助學生寫下提醒自己的便條。

312. 利用同儕幫忙監督學生寫作業，可協助他把作業放在正確的資料夾裡或記得交出作業。

313. 對於經常忘記寫家庭作業的學生，准許他打電話回家並在答錄機裡留言。務必確定他留意到該寫的作業科目和頁碼。青少年或許會把家庭作業給忘了，但他們似乎慣於查看電話留言！在這個現代科技的時代，有些學生已借助手機留言，或傳送電子郵件到家裡的電腦。

314. 允許學生再借用一套課本，作為在家中使用。

315. 提供學生一包便利貼，可寫下被交代的每一項作業。讓學生把這些便利貼黏在他的課桌上，當作業完成時他可把那張便利貼丟掉或把它黏進家庭聯絡簿裡。

316. 針對學生寫作業的提示，設計一張簡易的每日檢核表。學生可用膠帶把它貼在自己的課桌上或筆記本裡。當某項作業完成時，就把那一項從清單上劃掉。假使當天的學校作業還未完成，學生可用釘書機將檢核表釘在聯絡簿裡，或用膠帶黏貼也可以。

317. 倘若某項作業已在當天上課時完成，鼓勵他立刻交上來，而不要等到第二天。

318. 可用透明拉鍊袋存放學生的鉛筆、蠟筆、簽字筆，以及他課桌上的用品。缺乏組織技巧的學生，也許會想要用幾個不同的袋子保存用品，放在課桌上或置物櫃裡。定期整理並補充這些袋子裡的用具。

319. 要給予有組織困難的學生額外的時間，以便他能在開始一堂新的課之前找出和整理東西。藉由使用一個視覺或聽覺暗號，例如關燈／開燈、按鈴、播放音樂或拍手，讓學生明瞭活動的轉變即將開始。一旦你給了這個暗號，容許學生有額外的兩三分鐘把他的用具收好，並為下一個活動做好準備。

320. 當你每天（從到校至離校）都要監督特殊學生學習時，要進入他們的教室裡。該學生不會因此錯過寶貴的上課時間或重要指令。利用這個時間檢查他的家庭聯絡簿及黑板上所列出的作業項目。

321. 教導學生監督個人的自我對話（self-talk）。通常做事雜亂無章的學生會感覺洩氣，開始有些負面想法，像是「我不會做這件事。我就是不懂。我永遠都學不會！」要學生練習做幾次深呼吸，接著重複一些正面陳述，像是「我會做這件事。我一定會搞懂它。我要慢慢來並集中注意力。」當給學生的指令變得複雜時，要求學生用言語表述每個步驟。

322. 為學生設定每天寫回家功課的固定時間，並尋求家長的支持與合作。寄一張文具清單到學生家裡，讓家長知道寫作業時需要什麼。文具的清單務必明確，並非每個家庭都能隨手取得計算機、圓規和直尺。
假如某位學生有一天沒有回家功課，則預定的寫作業時間應用於閱讀或整理學生的資料夾和書包。

323. 發給每位學生吊掛式資料夾，將此資料夾予以編號，或使用一個信箱來替代。將每天完成的作業立即放進吊夾裡並妥善保管。

「為了得到你想要的，要停止做那些沒有效率的事。」

Dennis Weaver

「能把困難的事變容易的人就是教師。」

Thomas Edison

第九章
指　令

　　每一天，每個學生都被大量的指令不斷地疲勞轟炸。許多障礙學生在學校遭遇困難是因為他們無法處理這麼多指令。心不在焉、聽覺處理有困難、記憶力缺陷、傾聽技能不足、接受性語言有限，或是對於訊息順序的整理有困難，這些都只是少數幾個原因而已。無論問題的根源是什麼，這往往對學生是非常沮喪的經驗。

 口頭指令

324. 在你給予指令之前，務必先確定你得到學生的注意力。倘若你還沒有，暫停並且等一下。你與學生的眼神接觸是很重要的。

325. 改變口頭指令的形式。以書面形式來提供指令，因此學生可經常參照文字的訊息。

326. 在你說出口頭指令時，不要給予無關的訊息。要保持指令簡單、清楚。

327. 將口頭指令的詞彙加以簡化。

328. 如果有可能，在給予口頭說明時也使用視覺性輔助。

329. 將冗長且複雜的指令分成一或兩個步驟。當指令是複雜時，在增加更多指令之前，允許學生先完成第一個步驟。

330. 指派一位同儕，透過多步驟的指令來訓練（coach）這位學生。

331. 藉由要求學生對你或對同儕重述指令，來監督他理解指令的程度。

332. 同時給予學生視覺與聽覺指令。利用黑板、投影機或翻頁的掛圖。

333. 針對那些無法閱讀的學生，用猜謎式的圖畫來取代書面指令。

334. 把那些需要多步驟的實驗、示範及活動，依活動的順序一一拍照。將照片依發生時間先後黏貼在一個檔案夾裡。假使學生有視覺輔助的需要時，他就可使用這個檔案夾。為了方便將來使用，要把指令依活動單元歸檔。

335. 將每天指定的作業用錄音帶錄好。學生可隨著他的需要，想聽多少次指示就聽多少次。包括要錄下作業的到期日。鼓勵學生把未完成的作業項目寫在家庭聯絡簿上。

336. 在給予某位聽力損傷學生口頭指令時，指派一位同儕來提示他。務必確定他也被提示班級活動的相關訊息。經常確認他的理解程度。

◎ 書面指令

337. 依活動的先後順序寫出書面指令。如果有多重步驟，要將步驟編號。

338. 允許學生有充分時間抄寫指定作業。假如該學生無法抄寫遠距離的範本，則允許他抄寫同儕的作業，或指派一位同儕代他寫下指令。

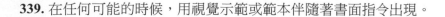

339. 在任何可能的時候，用視覺示範或範本伴隨著書面指令出現。

340. 要求學生把書面指令至少讀兩次。允許他有額外時間在關鍵字和片語底下畫線或加以強調。

341. 在開始做有一連串指令的指定作業時，要求學生在每一個指示之間貼上一個彩色圓點貼紙。

342. 永遠在學生開始做作業之前，先確認他的理解程度。

343. 對於視力損傷的學生，給予測驗、指定作業和重要指令都要用口頭的。

344. 為視力有損傷的學生，放置一張黃色的透明片在印刷書頁上，以便提高視覺反差效果以加深對印刷文字的印象。

345. 針對弱視的學生，用黑色簽字筆把指令再描寫一遍，以便加深印刷文字的顏色。

346. 針對視力有損傷的學生，利用一塊白板附上可擦拭的黑色簽字筆，或者如果你找得到的話，不妨用綠色黑板來替代黑色的。

第十章
大團體教學

 ## 口頭講授

　　對學生而言，在學校一天中有大部分時間是在聆聽普通班或特教老師講課。到了中學階段，學生一整天的多數時間是花在聽課。對於那些在聽覺處理、作筆記或維持長期注意力遭遇困難的學生，這可能是令人沮喪的經驗。

　　定期把某堂課的上課過程錄影下來，來分析你個人的教學風格及學生的參與狀況。你也許希望對學生解釋你做此自我評鑑的原因。很重要的一點是讓學生明瞭，即使身為一個成人，我們也不斷在為追求個人進步而努力。在觀看你的教學錄影帶時，仔細想想下列問題：你上課的速度是否太快、太慢，或對於這節課的內容是否合適？你在教學中所使用的詞彙與學生程度是否相合？你的學生在學習過程中是否積極參與？你是否經常確認學生的理解程度？你的課程是否具備連續性，還是你會隨意從某一個主題跳到另一個主題呢？在你觀看錄影帶時作筆記，把你覺得特別好的地方記下來，也留意你希望改進之處。

　　以下所述將提供一些想法給老師和學生。

89

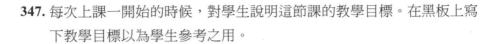

347. 每次上課一開始的時候，對學生說明這節課的教學目標。在黑板上寫下教學目標以為學生參考之用。

348. 以複習前一節課所教的、教過的重點和字彙來開始新的一節課，學生因此能把學習基礎建立在之前所學得知識上。

349. 以具備邏輯組織性和連續的教學形式，來提供學生所有知識。

350. 在講課時只介紹與這節課相關的知識。在任何可能時候使用名詞來代替代名詞。若一致使用代名詞可能導致某些學生感到困惑，尤其如果學生在一開始就沒了解或注意，或當老師從一個主題很快移轉到另一個主題時。

351. 簡化你慣用的口頭詞彙，尤其在學生被要求作筆記時。利用投影片強調重要的訊息。

352. 在講課時提供學生視覺性輔助。在黑板上使用彩色粉筆，或在投影片和圖表上使用彩色筆去強調某個科目的重點。強調關鍵字、片語及數學題目的解題步驟。

353. 當進行講課時要經常暫停一下。要求學生把他所學到的知識做摘要。詢問特定問題以檢查他是否充分理解。盡可能將新教的知識和學生之前所學會的概念產生連結。

354. 在口頭授課時，務必確定學生把所有與上課無關的東西都從桌面移開。學生應在桌面上放兩枝削尖的鉛筆、紙張和一枝螢光筆。

355. 在班級討論時要使問題的內容多樣化，所有學生因而都能積極參與。為那些被大家認定從未正確答對的學生做一些特殊安排。為該學生準備特定問題，並要求他在上課前先找出答案。讓他事先知道他會被叫到回答哪些問題。
利用團體回應（whole group response）的方式來鼓勵學生主動參與。以下為幾種團體回應的方式。

＊提供每位學生一面小黑板，一隻舊襪子和一枝粉筆。可採用個人或搭檔形式寫下簡單的答案。允許學生有充足的時間寫下答案。

＊可使用索引卡來回應正確／錯誤，或同意／不同意的答案。一旦教師提問了問題，就由學生舉起卡片來出示其答案。

＊將大拇指豎起／朝下是另一種簡單的方法，可在學生發表時鼓勵整個班級主動參與。再提醒一次，務必確定學生在回答之前有足夠時間來處理他的問題。

 ## 作筆記的技巧

作筆記是一個困難過程。想想上回你參加過的某個課程或工作坊，你被要求作筆記的經驗。你是將筆記寫在講師提供的課程大綱嗎？或許你帶了一台錄音機錄下所有上課資料，就能在車子裡或在家裡某個安靜時刻裡重新聆聽它？你是否匆匆記下所有關鍵字和片語？或將整個片語逐字寫下來？或許你可以類化上課的資料，把它們轉化為圖表。當講師對著大家強調：「這點是重要的！」你是否興奮寫下每個字呢？

作筆記並非是個簡單技能。它需要同時處理視覺和聽覺訊息，然後再以文字形式輸出訊息。學生必須被教導各種策略，才能在作筆記的過程中獲致成功經驗。

356. 鼓勵學生用自己的話作筆記。

357. 鼓勵學生利用縮寫字作筆記。你可提供一份常見縮寫字的清單。

358. 提供學生與上課主題有關的講義。在講義大綱上保留足夠的行間空白，讓學生能直接在大綱上作筆記。

359. 在上課之前或上課中途，在黑板或投影片上列出這節課的重點。當授課完畢時，利用下列技巧立即增強這節課的基本概念。
要學生把一頁筆記紙左右對摺成一半成為兩欄。要求學生在左欄寫出

上課時黑板所列重點。每項重點之間要空三行,當上課結束時要求學生回想,並盡可能寫下他所記得的每個重點。當學生寫完筆記時,要給他一些時間比較他的回答及那些加上的資料。這份筆記還可作為學生的複習指引。

360. 在你上課之前,提供一份討論問題的清單給學生。這將有助於他把重點放在一般概念上,而不是去注意許多細節。

361. 在授課時利用關鍵片語來提示學生相關的重點,像是「請記住這點」、「這點非常重要」或是「把這個重點寫下來」。

362. 當要比較和對照資料時,提供學生他可完成的圖表或能表示相互關係的維恩圖。

363. 當以時間先後順序介紹某個訊息時,提供學生一份時間表,其中包括事件開始和結束的時間;某些學生的時間表可能需要更多的參考時間點。

364. 如果學生在寫筆記的過程中沒有足夠的思考時間,鼓勵他簡單地記下關鍵字。

365. 如果你在教學過程中提供視覺示範,容許學生有充分時間把教材內容抄寫到筆記裡。在那一節課快要結束時,容許學生有額外幾分鐘將他們的筆記和那個視覺輔助做比較。針對複雜的上課教材,則將教學投影片的影印資料發給學生。

366. 如果某位學生沒有作筆記的能力,則允許由一位同儕用複寫紙製作副本或提供同儕的筆記影本。這位學生仍必須在上課時作筆記並積極參與學習。

367. 在上課結束時要提供時間給學生,以小組方式比較及討論學生的筆記。這將有助於學生加強學過的概念,並釐清他尚未完全理解的重點。

368. 在每次授課結尾時花幾分鐘做個總結；藉由要求學生列舉或口述上課
重點來結束這節課。要求學生從筆記中找出他認為重要的訊息並畫線。

369. 當使用投影機時，可讓弱視學生在投影片被投射在牆上時能直接看到
投影機裡的小螢幕。

370. 投影機對於聽力受損的學生同樣有幫助。它允許學生看見上課的內容，
並同時讀出老師的唇語。

371. 在口頭介紹這節課內容時，同時把它錄音下來。這樣會協助那些需要
在目前課程再加強的學生。這還會使缺課的學生受惠。

「才能是你有能力做什麼。動機決定了你做什麼。態度決定你會把它做得有多好。」

Lou Holtz

> 「當成績變成學習的替代品，而且比所學到的東西更重要時，它們就有減低學業成就的傾向。」
>
> *William Glasser*

第十一章
課堂評量

　　對許多學生而言，考試這個字讓他們產生了極大的焦慮。在測驗往往是主要評量形式的社會裡，讓學生了解評量是如何實際影響其整體成績是很重要的。相較於專題計畫案、日常作業及課堂參與，假使考試的份量是比較輕的，那麼要確定學生能察覺到這點。為了幫助學生紓解考試的焦慮，你可提供簡單的模擬練習。一些簡單的策略像是，示範如何在選擇題測驗裡刪減答案選項，以及在問答題測驗裡尋找關鍵字，這些技巧都能幫助學生成為更好的應試者。如果合適的話，允許學生有重考的機會。

　　由於某些學生有閱讀和書寫語言的困難，他們需要替代的評量形式。在發展替代性評量時，有兩方面要牢記在心。首先，務必確定在日常作業為他們所做的調整也要納入評量中。譬如說，如果某位學生的特殊需求是大聲朗讀課本或錄音，那麼同樣的調整就應用於測驗裡。其次，務必記住評量的目的。假使評量的目標是要測量學生在課程所學的知識，很重要的是只去評量課程，而不要把焦點放在學生的限制來折磨他們。

　　許多特殊需求學生有短期和長期記憶的困難。評量往往變成是記憶的測驗，因為學生被要求回想課堂所介紹的事實、人物和特定數據。在發展或使用特殊測驗時，仔細閱讀測驗題目後去判斷此測驗是在測量學生記住特定資訊的能力或真正在學習知識？

在評量學生時，考慮使用真實性評量（authentic assessments）、演示（demonstrations）和卷宗（portfolios）評量來替代傳統的紙筆測驗。

372. 允許學生經由一位同儕、普通班教師、特教老師或教師助理的協助，一起接受口頭測驗。

373. 准許學生用實例證明或用圖表闡釋他所學過的概念。

374. 為學生把測驗問題的解答寫下來。確定你把答案逐字錄音下來。

375. 允許學生有額外時間完成某項測驗。要是你無法提供他額外時間，則考慮只對他已經完成的項目打成績。

376. 口頭讀出所有的測驗指示。要求學生對著某位老師或同儕複述測驗指示。學生經常不知道如何遵循測驗指示或誤解測驗說明，這結果導致了他們得到低分。

377. 在結算學期成績時，確定你清楚在學生的個別化教育計畫裡對他所要求的標準為何。

378. 將測驗內容用錄音帶錄下來，允許學生錄下他的答案。

379. 如果這項測驗許可的話，允許學生只回答單數或雙數的題目。

380. 保存一份前測（pretests）和後測（posttests）的記錄。要以學生的個人進步和改善情形來給他學期的成績。例如某位學生在前測不及格但他的後測卻答對 50%，相較於某位在前測有 80%的正確率而後測有 90%的學生，前者有很大的進步。

381. 限定每次測驗裡所出現的概念數量。

382. 將某個測驗分成幾個分測驗。每一個部分都應有一套獨立的指示說明。分別評定每個分測驗的成績。這有助於你決定哪些範圍需要重教。

383. 經常對學生施測以便監控他們的進步情形。給予簡單的小考,就能輕易地監督學生的學習狀況,而且判斷他是否需要額外的教學或加強。

384. 要學生將測驗指示裡的關鍵字圈起來、在底下畫線,或是加以強調出來。

385. 某位學生也許需要在特教老師或教師助理的陪同下,個別地參加考試。

386. 測驗應重視學生對於知識事實的認識,而不是對事實的回想。把商業性測驗裡那些過於耍花招的題目刪除。

387. 如果某個學區要求每位學生必須參加標準化測驗,那麼就多訂購一些消耗性測驗題本。這樣學生就只需要在考試把答案劃記到電腦答案卡。錯誤經常發生在學生做資料轉換的時候。

388. 大部分標準化測驗極度依賴學生對教材的閱讀能力。假使某位特殊學生的閱讀程度低於其年級程度幾個年級,這會是個令人沮喪的經驗。把此問題在個別化教育計畫的會議中提出來。倘若該學生沒有參與標準化測驗,就一定要在個別化教育計畫裡提出來。

389. 如果法律要求每位學生必須參加標準化測驗,那麼將此測驗的結果與這位學生過去在特殊教育檔案裡的個人測驗紀錄相比較。假使其個人紀錄與標準化測驗的結果有嚴重差距,你也許要在標準化測驗上註明那些列於個別化教育計畫裡的個人能力與學習成績。

教師自編測驗

正式與非正式的評量每天都在教室使用。在設計教師自編測驗(teacher made tests)或課程本位評量(curriculum based assessments)時,請使用下列指導原則。

390. 將測驗指示以清楚、明確的形式寫下來。

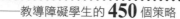
391. 每一個句子裡只包含一個指示。

392. 在指示底下畫線或加框。這有助於和測驗裡其他的文字區隔開來。

393. 提供正確答案的範例。這能作為學生考試時的視覺輔助。

394. 任何可能的時候，使用大的粗體印刷字。

395. 在題目之間留有足夠空間。避免測驗的外觀看來雜亂。

396. 避免出題時使用像是從未、不、有時候和總是這一類的字詞。

397. 在設計選擇題測驗時，把像是「以上皆是」或「以上皆非」這類的敘述排除在外。

398. 在設計配合題測驗時，題目敘述和答案欄位要排列整齊，因此學生的選擇是清楚、明確的。把配對的題目敘述和答案各呈現在五個方塊裡。在這些訊息方塊之間空出兩行間隔。

399. 在設計是非題測驗時，排除像是「全部」或是「從未」這類字詞。避免使用雙重否定的敘述，因為它們很容易被誤解。

400. 在填充題測驗裡，要將可供選擇的項目緊接著放在空格的後方，而不是放在那個句子的最後面。

401. 在設計問答題測驗時，提供學生一個空白形式的大綱，讓學生在開始作答前先整理他的想法。強調問答題的關鍵字或在底下畫線。

402. 提供個人檔案夾以便學生蒐集和保存作品。學生必須把最好的作品放進檔案夾裡。所有檔案夾裡的精選作品必須是以最終形式呈現。學生、老師和父母容易注意到學生在這段期間內進步的情形。這是一種替代性評量的形式。

403. 允許學生經由實作或演示，證明他自某個基本概念所學得的知識。以下所述為評量數學或科學技能的幾種範例。

數學

以提供學生真實情境的方式去取代紙筆測驗。提供雜貨店的廣告單給年紀較小的學生，然後要求學生購買一些東西並把購物總價列出來。蒐集舊目錄。提供學生一個特定的總金額，用它來為一個有六位成員的家庭購買禮物、裝飾一間房間或者購買學校的必需品。

安排年紀較大的學生結算一本支票簿、銀行利率和從薪資扣掉的稅金百分比。計算某支球隊的打擊率、服飾店的折扣和銷售額的稅金，這些都是年紀較大的學生比較感興趣的。視學生被評量的技能而定，給予的指示可以是簡單或複雜的。

科學

以下是幾種針對環境單元所設計的實作評量（performance assessments）類型。例如，在教導水的單元時，讓學生記錄氣溫，從報紙的氣象圖裡解說高、低氣壓的範圍，以及記錄雲所呈現的類型。

學生可以蒐集單葉和複葉的樣本。然後將這些葉子加以標名和分類。

要學生蒐集不同類別的昆蟲，並將昆蟲身體的各部分加以標名。這些昆蟲可以被分門別類。

用合作小組的形式完成科學實驗，然後對全班說明實驗的結果。

404. 允許學生利用製作錄音帶或錄影帶的方式，實證他從某個學科所學到的知識。這對於那些無法在整個團體面前發言或分享的學生尤其有效。

◎ 替代的評分系統

有幾種替代的評分方式可適用於有特殊需求的學生。很多老師都使用傳統的百分比評分系統，但此方法可能無法適合所有的學生。

405. 學生的個別化教育計畫可提供一個評分的架構。要確定你很清楚此評分標準為何。

406. 假使測驗裡的不同部分含括多種領域的評量，那麼就針對每個部分個別地評分。譬如說，假使此測驗包括是非題、選擇題及問答題，那麼給予每個部分個別的成績，這將有助於判斷學生所偏好的測驗風格。學生還能決定他在哪方面需要更多練習或額外加強。如果某位學生在某種特定類型的評量裡持續失敗，像是選擇題部分，那麼可以教導他一些考試策略，以便改善特定領域的測驗成果。

當對某位學生測試不同技能時，譬如說數學，你就能判斷出他在那方面的特定技能遭遇困難。

407. 契約式評分（contact grading）經常被用於融合環境裡。由特殊需求學生和老師一起決定，為了在某個科目獲得特定成績，他必須完成作業的量與質為何。

408. 組合式的評分方式可針對學生的表現來獎勵他們，並有助於教師將評分過程個別化。在組合式的評分過程裡，學生的成績評定是依其能力、努力和成就而定。能力評分（ability grade）是根據學生在該科目被期待獲得的進步量為基礎。努力評分（effort grade）是以該學生為精熟某個概念，他投入課業的時間和努力的量為基準。而成就評分（achievement grade）則把該學生對某個概念學習的精熟度與班上的其他人做比較。經由上述方式所獲得的三項個別成績可被平均作為該學生的期末成績。

409. 分享式評分（shared grading）經常被用在融合環境裡。分享式評分的過程是由普通班教師和特教老師合作，共同決定學生的期末成績。學生的期末成績是根據這兩位老師的評分和觀察而定。

410. 及格／不及格的制度也許對某些學生是適合的。此制度確認學生已完成由老師和個別化教育計畫所決定的必修課業。

411. 假使某位學生的成績單並未符合其個別化教育計畫的個人目標，那麼寫下你要表達的意見。列舉出那些他已精熟的技能。這是檢視個別化教育計畫的最佳時機，並討論該學生的學習目標。

「真正的競賽永遠是介於——什麼是你已經做的和什麼是你有能力做的。拿你自己跟你自己比較，而非任何其他人。」

Geoffrey Gaberino

「融合的 ABC 指的是 Acceptance（接納）、Belonging（歸屬感）和 Community（共同體）。」

Mary Beth Doyle

第十二章
注意力困難

　　「我就是不知道該如何是好！這個學生總在上課時間離開座位，或在教室裡到處走動！」「像這個學生這樣的破壞上課秩序會影響其他學生。」「這個學生看起來像在做白日夢。即使她注視我也無法專心聽我說的話，也完全無法弄懂怎麼做功課。」

　　這些都是我們經常聽到的，專家和家長所表達的共同關切。許多特殊需求學生都有維持注意力的困難。對某些學生而言，這是成熟度的問題，而對其他學生來說，教室結構可能對其個人學習風格沒有太大幫助。針對某些這一類的學生，提供更多或更少結構，可能對於改變他們的學習環境有所助益。或許你班上有些在醫學上被診斷為注意力缺陷症（簡稱ADD）或注意力缺陷過動症（簡稱ADHD）的學生。就如此專有名詞所顯示，這些學生有維持注意力的困難。然而，注意力是學校環境裡所有學習和成就的重要先備條件。

　　對於上述的所有學生，如果要使學生在學校體驗成功的感覺，教師就必須調整教室環境。假使某位學生被診斷為注意力缺陷並接受藥物治療，很重要的是，你要從家長那兒獲得你所需要的訊息，然後直接與醫生或心理醫師談話。還有，要與家長定期會面。家長和醫生都可提供與該學生有關的寶貴訊息。如果可能，調整家裡所使用的策略以適應教室環境。對大

多數學生而言，本書中所討論的調整策略可協助他們在普通班獲得成功。

本章所討論的策略可直接使用於那些在注意力、工作行為（task behavior）、衝動性出現困難，或是容易分心的學生。

環境的結構化

要提供所有學生每天生活的結構（structure），這對注意力困難的學生尤其重要。這些學生很難去適應時間的轉換，所以必須給予密切監督。

412. 在黑板上保留一份日課表。與學生討論課表內容，事先指出在一天中任何可能發生的改變。用關燈／開燈、按鈴或播放音樂這類的訊號來作為某項活動就要接近尾聲的溫和提示。

413. 在時間轉換時提供額外的結構支持。允許學生在開始上新的一節課前，有額外幾分鐘來整理他的教材、文具。

414. 經常檢閱班級常規（classroom rules）。假使某位學生對於遵守某條規定有困難，為他把這條規定寫下來。務必清楚而明確。提供他這條規定的具體實例。
    某些學生需要在上課時移動位置。教師可製作正反面各為紅色及綠色的翻轉卡。當你展示紅色那一面時，指的是學生必須留在他的座位上。當你展示綠色那一面時，學生就可安靜地在教室裡走動。

415. 永遠對學生描述他應該做什麼，而非不應該做什麼。假使你看見學生在走廊上奔跑，就簡單的對他說：「請你用走的。」

416. 試著把學生擅長的科目安排在上午的課表裡。

417. 使學生清楚上、下課的時間是很重要的。要是學生有特別需求，請求特教老師或教師助理的支援。如果不行，就尋求學校社工或輔導處的支援。

418. 鼓勵學生養成寫家庭聯絡簿的習慣。如果學校電話可供利用，允許學生打電話留言以作為回家功課的提示。針對較年幼的學生，可以製作一張「今天沒有回家功課」的護貝卡片，貼在學生的家庭聯絡簿裡，以便和家長溝通孩子已完成作業的訊息。不管使用哪一種方法，務必讓學生對自己的家庭作業負起責任。

419. 一種附有內袋資料夾的三孔筆記本能幫助學生把所有用品、資料和作業都存放在相同地方。提醒學生先不要把自己的作業自資料夾抽走，除非到了他要繳交作業的時刻。

420. 允許學生向學校再借出一套課本，作為回家時使用。

◎ 行為和注意力困難

　　學生出現偏差行為的原因很多。你最好不要驟下結論，說這個學生是故意表現沒禮貌或不遵守秩序。該位學生可能只是單純地不知道或不懂他被要求的那一刻必須表現出什麼樣的行為。該學生可能正進入一個與其他同儕不同的發展階段。針對某些學生，忽視這個不當行為往往就能輕易地消除它。

　　當你一個人在處理學生的問題行為時，你需要思考和回應，而不是去反應。你在和學生一起做事時要保持冷靜，避免和他辯論或爭吵，這是很重要的經驗。當激動的情緒增加時，你的思考力和傾聽理解力就會減低了。學生會從你的肢體語言、說話的語氣、節奏和音量去解讀，那將會勝過你實際的言語。保持你的話語簡短有力。務必確定你的肢體語言和聲音帶來相同的訊息！

　　幫助學生們明白，他們確實有所選擇。提供具體範例及角色扮演的情境，幫助某些學生了解他們有什麼樣的選擇。針對不適當行為所產生的後果列出一份清單，而且永遠一貫地、立即地執行。要立即讚美學生的良好行為，並且試著在正向的狀況下「逮到」學生的犯錯行為。

421. 要確定當你跟學生說話時，你得到他的注意力。眼神接觸是很重要的。利用你和他私人的視覺提示。碰觸你的眼睛表示「看著我」，碰觸你的耳朵表示「這是聆聽的時間」，以及碰觸嘴邊表示「不准說話」。

422. 盡可能提供更多的小組教學。小組提供學生更多的參與機會，如此一來將增加學生參與和繼續做功課的機會。

423. 提供一步驟和兩步驟的口頭指示。檢查學生對每個指示的理解程度。要求學生重複他剛才所聽到的話。

424. 每次只給學生一項家庭作業，確定學生把作業項目抄寫下來。在黑板上列出當日的回家功課（包括繳交日期）。要求學生將它們抄寫在家庭聯絡簿裡。

425. 針對那些實際動手做的教學活動，允許學生有足夠的時間參與。這會有助於學生在學習歷程中主動參與。主動參與對學生而言是極其重要的。它能幫助學生保持專心。

426. 修正學生的作業份量以減少他的學習挫折（請查閱本書第四章日常作業）。

427. 如果適合的話，將電腦軟體融入教學以加強學生的課業學習。學生不但能獲得立即回饋，還可用自己的速度學習，這將有助於學習動機的提升。

428. 利用計時器來幫助學生專心。把計時器設定到與你覺得學生能保持專心的時間長度。告訴學生在指定時間內你期待他完成什麼。當學生已經適應計時器的使用時，和他玩一個「打敗時鐘」的遊戲！挑戰學生在計時器的鈴響之前完成某項作業。逐漸把你為學生設定的時間拉長。

429. 在學校的一天裡，允許學生有站起來、四處走動和伸懶腰的時間。提供學生一份適合做此類活動的時間表。

430. 當進行大團體和小組活動時，在呼叫學生名字時要使用隨機策略。把學生們的名字放在一個籃子裡，隨機抽出一個名字或從一組卡片中隨機挑選一張。由於學生們不知道下一個誰會被叫到，他們的注意力會因此而增加。

431. 提供學生立即的回饋。自我校正適合用在日常作業上，許多學生都從立即回饋中獲益。

 ## 衝動與分心

　　「她就是不去思考！」「他總在被叫到名字前就脫口而出說出答案！」「她永遠都在做白日夢。」某些學生所表現的行為有不加思考和容易分心的傾向。

432. 把具有創意的藝術作品掛在教室後面，排除讓學生在視覺上分心的事物。避免在牆上吊掛過多、可能使學生分心的東西。

433. 檢查學生座位的安排方式。那些容易分心的學生不應該坐在靠近門、窗或是人來人往的區域。

434. 對於容易分心的學生，允許他用額外的時間來完成作業，甚至在他的作業份量被減輕時也如此。對某些學生而言，使用耳塞將有助於阻擋背景噪音。而針對其他人，用耳機聆聽輕柔的音樂會阻擋一些令人分心的刺激。

435. 避免限時的活動和測驗。當某些學生注意到別人完成的某項作業是他們才剛開始的，他們就會變得很沮喪。學生往往會用猜測或乾脆放棄不做。在進行團體評量時，要求全部學生都留在座位上並安靜地唸讀題目，直到每個人都做完測驗為止。在該堂課結束時才收回測驗卷。

436. 要求學生在回答前先暫停並再想一下。設計一種大人與學生之間互通

的視覺信號。一種可以作為視覺信號的例子是，把你的手指放在你的鼻子旁邊。當學生觀察到你這麼做時，他就會知道這時候在提醒他應把速度放慢下來，並思考他的行為。

437. 要求學生低聲唸出作業指示，並安靜地把作業內容唸給自己聽。這麼做將有助於學生專心，因為他不僅看到而且還聽到作業的內容。當學生必須使用多重步驟完成某項作業時，這樣做也非常有幫助。藉著把書面作業的步驟用言語表述，學生通常能更清楚作業的程序。如果有些學生在做整份作業時都能用言語表述，他們的工作行為就能持續得更久。

438. 設計學生的座位表。安排學生坐在那些既安靜又能獨立作業的學生附近。提供良好的角色模範。切勿安排不守秩序的學生或容易分心的學生坐在一起。

439. 允許學生只將當時功課的必需品放在桌面上。玩具和好玩的東西必須留在家裡。

◎ 增強與紀律

有特殊需求的學生和那些患有注意力缺陷症的學生，通常比起教室裡的其他學生更依賴外在增強（external reinforcement）。這些學生也可能需要更多鼓勵。要試著獎勵多過於處罰。當你看到一個正向行為出現時，立即讚美這位學生。永遠避免嘲笑與苛求。

有些學生有困難去控制自己的行為。這些學生可能會對獎勵制度有良好的反應。如果你決定採用獎勵制度，要確定學生也參與獎勵項目清單的討論與決定。對許多學生而言，有一種適當的獎勵就是單純地允許他們有額外的幾分鐘，讓他們和某位朋友有社交互動的機會。因為這些學生往往是最後做完功課的人，他們難得擁有額外的時間。

440. 假如某位學生在特定科目上課時都出現紀律問題，很重要的是去查看目前所做的教學調整對他是否適合。偏差行為多半都比較容易發生在功課對學生太難的時候。

441. 發展一套行為的獎勵制度。既然學生需要持續及經常性回饋，那麼就把上課時間拆散成幾個時段。在融合方案開始實施的階段，某些學生需要每隔五到十分鐘就給予回饋。這點很容易做得到，你可以將一張表格貼在學生的桌面上，當你在教室四處巡視時，在這張表格或索引卡上打勾或貼上貼紙。逐漸地把獎勵的時間延長到整節課。

442. 班級紀律制度並非總適合全班學生。你也許需要針對某位學生提供一個補充方法，例如用額外警告並結合獎勵制度。無論你使用哪種紀律制度，很重要的是做到對學生的要求每天如一。隔離（time out）的方法經常被用來處理問題行為，或被當作是問題快浮現時的前瞻手段。隔離讓學生有時間重新整理自己，有幾分鐘的私人空間，或者從情緒爆發的狀態中復原。它還可允許老師和全班學生有時間重新整頓和再次專注。「隔離」的目的是允許學生有時間冷靜下來，再次思考那個狀況。經常，步驟 1 和步驟 2 可被學生用作是「預防」和「主動在先」的策略。大人們在感受到壓力的情況時，通常會採取隔離的方法。一個成年人也許藉由喝杯飲料、水或咖啡，或者只是走到走廊重新整理思緒。隔離應被視為在某一個狀況達到危機程度之前，教師用來處理問題行為的正當方法。

如果要使用隔離制度，提供一個明確的公告程序。一種常見的步驟可能是：

步驟 1——在教室的指定區內進行隔離。
有些老師稱這個區域為「思考區」。這個區域通常位於教室裡，適合所有那些需要幾分鐘不受干擾，來把某件事想清楚的學生。

步驟 2——在教室區域以外進行隔離。

有時候某位學生有必要離開教室環境。通常老師們會彼此合作,在另外一間教室提供一個被監督的地點。

步驟 3——讓學生到輔導老師或校長的辦公室進行隔離。

這可讓該位學生能夠冷靜下來,並和一位不是直接涉入狀況的人一起解決問題。

步驟 4——打電話回家。

443. 代幣制度(token system)對於某些學生是適合的獎勵方式。代幣的種類五花八門,可使用護貝的小紙卡、鈕扣或珠子。你可以選擇製作你自己的代幣。當使用代幣制度時,學生有責任把代幣放在他們的桌子抽屜並妥善保管,日後將這些代幣換成獎勵。一開始的時候,學生傾向為那些容易得到的獎勵而努力表現。鼓勵學生設定目標,並朝向一個更大獎勵而努力。

444. 和學生一起設計增強活動的清單。當學生達到他的個人目標時就可以從這份活動清單中去挑選他想要的。能提高大人動機的活動可能不見得適合學生。一起設計這份活動清單,並保持獎勵的內容簡單。一些建議的增強可能包括貼紙、鉛筆、原子筆、基本學校用品、多十分鐘的電腦使用時間、和某位朋友一起有五分鐘的自由活動,或交換一項「免除」家庭作業的優待券。

445. 有一種獲得小玩意的廉價方法,就是去逛一些車庫二手貨拍賣。有很多小東西可以用美金五毛錢或更少的錢買得到。另一種選擇是寄印刷信函給大公司索取贈品。常常公司行號都有促銷的項目,他們會免費寄給你。

446. 當學生在某一天的行為表現有進步時,要通知家長相關的狀況。設計一組激勵學生的標語:

不可思議的一天！

今天我發現了成功的祕密！

超級巨星！

我是一個很棒的學生！

哇，太好了！

把這組標語影印在螢光紙上，然後將它們護貝並切割為小張的增強卡。將這些卡片放進一個信封袋裡。當該位學生那天表現良好時，可選擇一張增強卡帶回家。假使你的班級已設計適合的指導方法，那麼較年長的學生將能監督自己的進步情形。這也是和家長保持每天溝通的簡單方法。

447. 告知家長班上的獎勵制度。父母親往往能在家中給予更多增強。

448. 使用每日表現卡來監督學生是否達成行為和學業的目標。設計每日表現卡的簡單方法，就是將一張索引卡用膠帶貼在學生桌面上。卡片上的科目名稱可隨那一天的上課科目而增加。對於較年幼的學生，如果他在某時段已達到期待的目標，將一個笑臉加到卡片上。針對較年長的學生則可使用 1 到 5 的評分等級。讓學生每天把這張表現卡帶回家，以加強學校和家庭的溝通管道。

449. 日誌被證實能成功增強家庭與學校的溝通。家長和老師雙方都能利用這本日誌寫下評語、關心事項和建議。由家長來獎勵學生。千萬不要從一個敘述性的日誌開始，除非你能把握每天都有時間寫完它。日誌的書寫非常花時間，尤其是評語通常都需要在當天或一節課結束時才寫，而那時你經常是處於混亂狀況的時候。

450. 教導學生使用正向的自我對話。「這個我做得到！」「這件事我能處理！」或是「這是我所擅長的！」這些都是自我對話的範例。當你聽到某位學生用消極的自我對話，或是貶低他自己的言語時，要阻止學生，並幫助他將這些批評的措辭改變成正向的。

111

「孩子們需要愛，尤其是當他們不該得到時！」

Harold Hulbert

「如果你摔得鼻青臉腫，不必擔心……至少你正朝著正確方向前進！」

出處不明

後　記

人們用許多不同的方式學習。有些人藉由閱讀學習，反之，另一些人透過觀察和實踐來學習。沒有任何地方對外宣稱融合教育是容易的！當你推動融合方案時你會遭遇重重阻礙，但你將發現可行的解決方法。你會嘗試很多新策略。有些策略容易執行，而另一些則極其複雜。有些策略已被證實成效顯著，而另一些則如預期般窒礙難行。儘管如此，我衷心期盼，若你善用此書，這個過渡期將是順暢的，而特殊需求學生的調適是較容易的。

你已踏出了第一步。你閱讀了這本書，現在該是採取第二步的時候了。我鼓勵你勇於執行，第二步將影響許許多多孩子的一生。來學校上課是學生們的權利，而它卻也是我們的職責所在。身為一位專業人員，我們要在最少限制的環境裡，盡可能地提供學生最適性的課程。

本書在 2000 年經過修訂及更新。雖然內容有所增加並更為詳盡，但原始的策略編號仍維持一樣。這麼做是有其目的的，能讓那些擁有前一版本的讀者繼續使用原書，並可兼容並蓄和新版共同使用。

切記，融合教育是一種制度的改變，改變並非一朝一夕就會發生！改變往往是循序漸進。我絕對相信在幾個月後你會回頭看，你將心滿意足地檢視你所獲得的進展。祝你好運！你將會讓許多人的生命有所不同！

附 錄

Copyright © Sage Publications, Inc. 中文版由心理出版社出版，2009 年

● 表 1　融合方案發展檢核表

☐ 發展一個願景！

☐ 列出實行融合方案的好處和可能遇到的阻礙（表 3）。

☐ 搜尋有關融合教育的網址。

☐ 鎖定某個特定年級作為融合方案的對象。
　　＿＿＿＿ 年級
　　＿＿＿＿ 學生人數

☐ 填寫學生基本資料（表 5）。

☐ 將學生分組（表 7）。

☐ 決定執行方案所需的教師助理人數及其服務總時數（表 8）。

☐ 設計一個試驗性方案的架構（表 10）。

☐ 提出你的融合方案計畫（表 11）。

☐ 調查全體教職員對於在職訓練的需求表（表 12）。

☐ 與自願參加融合方案的教師，討論如何建立融合班級及其教學風格
　（表 13）。

☐ 利用後續調查以決定融合方案的需求。
　對學生的調查（表 14）。
　對家長的調查（表 15）。
　對教師助理的調查（表 16）。
　對全體教師的調查（表 17）。

Copyright © Sage Publications, Inc. 中文版由心理出版社出版，2009 年

● 表2　融合方案優缺點彙整表：範例

利用表 3 寫下融合方案的好處和可能遇到的阻礙。以下的想法能幫助你開始動手。

融合的好處

※學生可以在最大可能的範圍之內在普通班接受服務。

※學生再也不會因為離開普通班去上特教班課程，而被貼上標籤。

※經由適當的調整，學生可參與普通班的所有教學活動，即使它和特教班的結果可能不同。

※學生不用在普通班和特教班之間遊走，而因此錯過重要學科的上課時間。

※學生不再需要在兩種不完整的教育體制下學習。

※學生不再因為多種相關服務而被抽離。盡可能地在普通班提供學生服務。

※能使特教老師對普通班課程有更多的認識。那些能滿足某學科學習的策略，也可以被遷移到其他學科。

※不管是什麼障礙，學生會變得更能接納彼此。

※如果需要的話，特殊教育人員可以在普通班協助其他學生。

※增加普通教育和特殊教育之間的溝通。

※普通班教師能因此保有更多的彈性。不必等學生從特教班回來才開始教新的課程。

可能的阻礙

※安排日課表的困難。

※學生的分組。

Copyright © Sage Publications, Inc. 中文版由心理出版社出版，2009 年

● 表3　融合方案優缺點彙整表

好處

可能的阻礙

Copyright © Sage Publications, Inc. 中文版由心理出版社出版，2009 年

● 表 4　學生資料表：範例

按照個別化教育計畫的服務時數

	學生姓名	障礙類別	教師助理時數	閱讀	寫作	數學	社交/情緒	說話/語言	OT/PT DAPE	其他
1.	Mary	LD		300	150	300			OT 60	
2.	John	MMI	1500	300	300	300		90	DAPE 60	
3.	Lynn	LD		150	150					
4.	Jack	LD				300		60		
5.	Joey	LD		300						
6.	Heidi	OHI	600	300	300	300		90	OT 60 PT 60	健康 300
7.	Amy	LD		300						
8.	Mike	LD		300						
9.	Steve	BD	300				300			
10.	Frank	VI	300	300	150					大字書 60
11.	James	LD			300				OT 60	
12.	Alicia	LD				300			OT 60	
13.	Mark	BD				300	300			
14.	Tim	LD		300	300	300		90		

Copyright © Sage Publications, Inc. 中文版由心理出版社出版，2009 年

119

表 5　學生資料表

學生姓名	障礙類別	教師助理時數	按照個別化教育計畫的服務時數						
			閱讀	寫作	數學	社交／情緒	說話／語言	OT/PT DAPE	其他
1.									
2.									
3.									
4.									
5.									
6.									
7.									
8.									
9.									
10.									
11.									
12.									
13.									
14.									

Copyright © Sage Publications, Inc. 中文版由心理出版社出版，2009 年

● 表 6　學生分組表：範例

利用表 7 協助你將學生編組。盡可能把學生編入最少的班級數。將表 7 影印幾份，試驗各種不同的分組方式。

假如是表 7 的假設組別，學生以下列方式被分組。

班級#1　　　大約的程度 _____

☐ 諮詢　　☐ 教師助理　　☐ 特教老師
　　　　　（每天兩小時）　（只有諮詢）

　　1. Lynn-LD　2. Brandon-LD　3. Steve-BD　4. Paul-LD　5. Aaron-HI

（將五名學生分在此組的合理原因是，他們將接受少量的學科服務。整組學生必須從普通班教師那兒接受直接教學。在 Steve 的個別化教育計畫裡，將有一名教師助理協助他，每天大約一小時。這位教師助理可在這段時間內支援其他四名學生。Steve 的教師助理每天用一小時幫忙整組的閱讀和寫作，對整組學生將有所助益。Steve 的教師助理要被安排在與 BD 的教師助理不同的時間，以便提供給所有學生廣泛性協助。Brandon 接受語言服務。如果語言服務納入這個班級，老師就能用學校課程的詞彙來幫助其他學生。）

班級#2　　　大約的程度 _____

☐ 諮詢　　☐ 教師助理　　☐ 特教老師
　　　　　（每天兩小時）　（每天一到兩小時，包含相關支援服務。）

　　1. Heidi-OHI　2. Joey-LD　3. Mary-LD　4. Mike-LD　5. Amy-LD

（比起前一組，這組學生接受更大的服務量。其中三位學生只接受閱讀的服務。Heidi 和 Mary 有最大的學科需求。Heidi 被指派一位教師助理，每天兩小時的服務。這名教師助理可同時支援 Heidi 和那些需要閱讀協助的學生。這一班的障礙學生還接受職能治療及物理治療。職能治療可被併入寫作時段，也可同時提供協助給其他需要的學生。需要一名特教老師在此班級提供教學的直接服務。）

Copyright © Sage Publications, Inc. 中文版由心理出版社出版，2009 年

● 表6　學生分組表：範例（續）

班級#3　　　大約的程度　＿＿＿＿＿＿＿＿
☐ 諮詢　　　☐ 教師助理　　　☐ 特教老師
（全日制的支援）　　（每天一到兩小時，包含相關支援。）

1. Frank-VI　2. Mark-BD　3. John-MMI

（在這一組，John 被指派一位全日制的教師助理。Mark 被安排在這一組，以便其行為目標可被全天監督。Frank 因其視覺損傷需要許多修正。這是唯一有全日制教師助理的班級。把這三位學生放在同一班級是適當的。由於他們的特殊需求，特教老師會每天介入。這些學生確實接受相關服務。教師助理需要休息和午餐，屆時需要一位相關支援人員給予支援。）

班級#4　　　大約的程度　＿＿＿＿＿＿＿＿
☐ 諮詢　　　☐ 教師助理　　　☐ 特教老師
　　　　　　　　　　　　　（一小時外加相關支援。）

1. Tim-LD　2. Jake-LD　3. James-LD　4. Alicia-LD

（這一組的服務會有所變更。幾位學生接受 OT 和說話／語言服務，還需要學科方面的支援。並未指派教師助理給這組，儘可能把最多的相關服務併入學校課程裡。）

　　這些組別可用不同方式來改變。由於在此假設狀況裡的三個班級都得到教師助理的協助，這些學生可能被融入三個普通班，相關支援可被重新分配，並考慮到盡可能包含到每天的課程。可依照學生所接受的服務或數學技能分組。編組和安排課表的過程會花上一些時間。永遠記住，無論你把學生的組別編了多少次，絕對不可能找出最完美的一組，但你總會找到一組是可以被管理的。

Copyright © Sage Publications, Inc. 中文版由心理出版社出版，2009 年

● 表 7　學生分組表

利用表 7 協助你將學生編組。盡可能把學生編入最少的班級數。將表 7 影印幾份，試驗各種不同的分組方式。

班級#1　　大約的程度 ＿＿＿＿＿＿＿＿＿

☐ 諮詢　　☐ 教師助理　　☐ 特教老師

班級#2　　大約的程度 ＿＿＿＿＿＿＿＿＿

☐ 諮詢　　☐ 教師助理　　☐ 特教老師

Copyright © Sage Publications, Inc. 中文版由心理出版社出版，2009 年

● 表 7　學生分組表（續）

班級#3　　　大約的程度 _____
☐ 諮詢　　☐ 教師助理　　☐ 特教老師
班級#4　　　大約的程度 _____
☐ 諮詢　　☐ 教師助理　　☐ 特教老師

Copyright © Sage Publications, Inc. 中文版由心理出版社出版，2009 年

● 表 7 學生分組表（續）

學習風格
（將學習風格相似的學生編在同組）

數學與問題解決的技能		
低組	中組	高組

相關服務			
說話／語言的服務	職能治療	適應體育	其他相關服務

班級#1	班級#2	班級#3	班級#4

Copyright © Sage Publications, Inc. 中文版由心理出版社出版，2009 年

● 表8 教師助理服務時數表

（用你現有的資料，盡可能仔細計算教師助理的服務時數。在課表裡安排每天十五分鐘的諮詢時間。）

班級#1
教師助理
（指派給某位特定學生）
與學生接觸的時間：　　　_____
諮詢時間：　　　　　　　_____
午餐：　　　　　　　　　_____
休息時間：　　　　　　　_____

融合班級的教師助理
（指派給整班學生）
與學生接觸的時間：　　　_____
諮詢時間：　　　　　　　_____
午餐：　　　　　　　　　_____
休息時間：　　　　　　　_____

　　　　　　　　總服務時數：　　　　　_____

班級#2
教師助理
（指派給某位特定學生）
與學生接觸的時間：　　　_____
諮詢時間：　　　　　　　_____
午餐：　　　　　　　　　_____
休息時間：　　　　　　　_____

融合班級的教師助理
（指派給一整班學生）
與學生接觸的時間：　　　_____
諮詢時間：　　　　　　　_____
午餐：　　　　　　　　　_____
休息時間：　　　　　　　_____

　　　　　　　　總服務時數：　　　　　_____

Copyright © Sage Publications, Inc. 中文版由心理出版社出版，2009 年

● 表 8　教師助理服務時數表（續）

班級#3

教師助理

（指派給某位特定學生）

與學生接觸的時間：　　　＿＿＿＿＿＿

諮詢時間：　　　　　　　＿＿＿＿＿＿

午餐：　　　　　　　　　＿＿＿＿＿＿

休息時間：　　　　　　　＿＿＿＿＿＿

融合班級的教師助理

（指派給整班學生）

與學生接觸的時間：　　　＿＿＿＿＿＿

諮詢時間：　　　　　　　＿＿＿＿＿＿

午餐：　　　　　　　　　＿＿＿＿＿＿

休息時間：　　　　　　　＿＿＿＿＿＿

　　　　　　總服務時數：　　　＿＿＿＿＿＿

班級#4

教師助理

（指派給某位特定學生）

與學生接觸的時間：　　　＿＿＿＿＿＿

諮詢時間：　　　　　　　＿＿＿＿＿＿

午餐：　　　　　　　　　＿＿＿＿＿＿

休息時間：　　　　　　　＿＿＿＿＿＿

融合班級的教師助理

（指派給一整班學生）

與學生接觸的時間：　　　＿＿＿＿＿＿

諮詢時間：　　　　　　　＿＿＿＿＿＿

午餐：　　　　　　　　　＿＿＿＿＿＿

休息時間：　　　　　　　＿＿＿＿＿＿

　　　　　　總服務時數：　　　＿＿＿＿＿＿

Copyright © Sage Publications, Inc. 中文版由心理出版社出版，2009 年

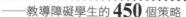
● 表9　融合班課表：範例

　　這是一個融合班級目前所使用的課表。學生是以閱讀能力被跨類別地編組。這十七位學生所得到的服務，來自一位專任的特教老師，和外加三小時的教師助理支援。有四組在早上進行語文課（大約九十分鐘）。請注意如何交錯安排教學時段及特殊課程（音樂、科技、視聽媒體、體育），使特教老師得以提供此融合班更好的服務。

日課表

8:00-9:00　個別化教育計畫（IEP）會議、預備工作、溝通和計畫時間。
9:00-9:30　與普通班教師溝通（日常課程計畫的變更。概覽日課表。登記彈性時間）。

早上時段

班級#1 四位學生	班級#2 四位學生	班級#3 五位學生	班級#4 四位學生
9:40-11:15 語文時段， 特教老師。	9:40-11:15 社會和科學時段。	9:40-11:15 閱讀和語文時段， 和教師助理一起。	9:40-10:40 特殊課程：音樂、體育、藝術、科技和視聽媒體。
當班級作業不適合或不能修改時，由特殊教育人員提供補充課程。	影片、大團體教學、故事、休息時間。不需要特殊教育人員協助的活動。	對學校課程的再教學、調整和支援。由普通班教師提供直接教學。	10:40-11:15 大團體教學、拼字、休息時間。不需要特殊教育人員協助的活動。

| 11:15-12:00
特殊課程：音樂、體育、藝術、科技和視聽媒體。 | 11:15-12:20
閱讀和語文課時段，和特教老師一起。 | 11:15-12:20
影片、大團體教學、故事和休息時間。不需要特殊教育人員協助的活動。 | 11:15-12:30
閱讀和語文課時段，和教師助理一起。 |
| 12:00-12:30
書寫、拼字練習，準備午餐。
在此時段沒有特殊教育支援。 | 當班級作業不適合時，由特殊教育人員提供補充課程。 | | 對學校課程的再教學、調整和支援。由普通班教師提供直接教學。 |

Copyright © Sage Publications, Inc. 中文版由心理出版社出版，2009 年

● 表9　融合班課表：範例（續）

12:30-1:00

普通班教師、特教老師和教師助理的午餐時間。

教師助理在下午協助另一個融合班級。

特教老師從 1:00-2:15 有空支援學生。普通班教師在兩個交錯時段內，事先登記好額外的支援時間。在 2 點 35 分學生被編成一組上數學課。在上課日當天結尾時，分派額外的十五分鐘，對學生做個別檢查。

下午時段

1:00-2:15 社會課／科學，大團體活動。	1:00-1:45 特殊課程：音樂、體育、藝術、科技和視聽媒體。	1:00-1:45 特殊課程：音樂、體育、藝術、科技和視聽媒體。	1:00-2:15 社會課／科學，大團體活動。
1:00-1:45 特教老師有空的時間是以登記為基礎的。必須 1-2 天前事先安排好。	1:45-2:15 特教老師有空的時間是以登記為基礎的。	1:45-2:15 特教老師有空的時間是以登記為基礎的。	1:00-1:45 特教老師有空的時間是以登記為基礎的。

| 1:00-2:15
此時段是給特教老師的彈性時間。普通班教師會事先讓你知道何時需要你。需提供登記表給普通班教師。 | 每天這個時段讓你與學校課程交叉提供支援給學生。研究學生的個別化教育計畫，以確定他正得到分配的服務時數。如果不是，可能需要部分時間——以滿足個別化教育計畫的需求。 | 針對此時段的建議可能包括：
——給拼字、數學、社會課和科學等替代形式的測驗。
——在社會課和科學活動併入團隊教學或支援。 | ——能支援課程的訓練與練習活動。
——與普通班教師的規劃時間與諮詢，使此時段有了準備時間。
——若某位教師助理在此時段內有空，將是項肯定的有利條件。 |

2:35-3:35 數學
在這個課表裡，學生因數學被編組。有個別化教育計畫的所有學生都被編到同一班。在此課表範例裡有七位學生得到數學服務。在此數學時段，每天以小組來教學。

3:35-3:50
在此時段內，監督放學前的檢查，和學生是否在家庭聯絡簿抄寫回家功課的項目。

Copyright © Sage Publications, Inc. 中文版由心理出版社出版，2009 年

● 表 10 融合班課表

<u>日課表</u>

注意事項：＿＿＿＿＿＿＿＿＿＿＿＿＿＿＿＿＿＿＿

＿＿＿＿＿＿＿＿＿＿＿＿＿＿＿＿＿＿＿＿＿＿＿＿＿

＿＿＿＿＿＿＿＿＿＿＿＿＿＿＿＿＿＿＿＿＿＿＿＿＿

<u>上午時段</u>

班級#1 ＿＿＿位學生 ＿＿＿＿＿＿ 時間	班級#2 ＿＿＿位學生 ＿＿＿＿＿＿ 時間	班級#3 ＿＿＿位學生 ＿＿＿＿＿＿ 時間	班級#4 ＿＿＿位學生 ＿＿＿＿＿＿ 時間
＿＿＿＿＿＿ 時間	＿＿＿＿＿＿ 時間	＿＿＿＿＿＿ 時間	＿＿＿＿＿＿ 時間
＿＿＿＿＿＿ 時間	＿＿＿＿＿＿ 時間	＿＿＿＿＿＿ 時間	＿＿＿＿＿＿ 時間
＿＿＿＿＿＿ 時間	＿＿＿＿＿＿ 時間	＿＿＿＿＿＿ 時間	＿＿＿＿＿＿ 時間

Copyright © Sage Publications, Inc. 中文版由心理出版社出版，2009 年

● 表 10　融合班課表（續）

日課表

注意事項：＿＿＿＿＿＿＿＿＿＿＿＿＿＿＿＿＿＿＿＿＿＿＿＿＿＿＿
＿＿＿＿＿＿＿＿＿＿＿＿＿＿＿＿＿＿＿＿＿＿＿＿＿＿＿＿＿＿＿＿＿
＿＿＿＿＿＿＿＿＿＿＿＿＿＿＿＿＿＿＿＿＿＿＿＿＿＿＿＿＿＿＿＿＿

下午時段

班級#1 ＿＿＿位學生	班級#2 ＿＿＿位學生	班級#3 ＿＿＿位學生	班級#4 ＿＿＿位學生
時間	時間	時間	時間
時間	時間	時間	時間
時間	時間	時間	時間
時間	時間	時間	時間

Copyright © Sage Publications, Inc. 中文版由心理出版社出版，2009 年

131

● 表 11　融合計畫檢核表

將以下有關融合計畫的相關資料放進一個資料袋裡：

※一份提案的簡短摘要。

※融合教育的好處和可能的阻礙（表3）。

※將鎖定被融合對象的學生群和年級的資料列出來。

※學生資料表（表5）。

※略估你需要的教師助理人數和時數（表8）。

※試排學生的課表（表10）。

※你所蒐集到可支援此方案的其他資料。

Copyright © Sage Publications, Inc. 中文版由心理出版社出版，2009 年

● 表 12　教職員在職需求調查表

以下調查能協助學校的特殊教育部門來決定教職員對融合教育的需求。

	不同意　　同意
1. 我了解融合教育的概念。	1　2　3　4　5
2. 我願意參與融合教育方案。	1　2　3　4　5
3. 我想要有一組障礙學生在我的班級。	1　2　3　4　5
4. 在接受這群學生之前，我需要更多的訓練和在職訓練。	1　2　3　4　5

5. 我想要得到下列領域的訓練：（請將所有適合的都打勾。）

更多與融合教育有關的訓練　☐
合作技巧　☐
學校課程的調整　☐
能有效地與教師助理合作　☐
對障礙認識的資訊　☐
其他：（請寫在下面。）　☐

_____
_____
_____
_____

請寫下任何意見或建議，並且將這份調查表交還給我。
非常感謝您。

Copyright © Sage Publications, Inc. 中文版由心理出版社出版，2009 年

133

● 表 13 設立融合班級檢核表

（利用下列問題作為準則。）

規劃。何時是一天裡非正式開會的最佳時刻？在規劃較大單元或課程時，何時是開會的最好時刻？誰是負責規劃的人？

上課形式。課程該如何教學？誰必須負起日常規劃的責任？哪一種教學系統對所有相關的人是有效的？課程該如何被講授及由誰來講授？

責任。誰要負責給這些學生評分？要用什麼樣的評分制度？課程修正會如何影響評分？誰要負責做修正，以及約束學生對課堂作業的義務呢？

Copyright © Sage Publications, Inc. 中文版由心理出版社出版，2009 年

● 表 13　設立融合班級檢核表（續）

班級常規。哪些是教室的常規？削鉛筆？上廁所的時間？繳交作業？

班級紀律。誰要對班上的紀律負責任呢？紀律的準則是什麼？所有學生都將使用相同的紀律準則嗎？獎勵與違反的後果是什麼呢？

應該被提出的更多意見與所關心的事項：

Copyright © Sage Publications, Inc. 中文版由心理出版社出版，2009 年

● 表 14　學生調查表

1. 你對你的分班感覺如何？

2. 你覺得你在這個班級裡表現得如何？

3. 你有遵守班級的規定嗎？

4. 學校課程的修正對你是否有幫助？

5. 你是否在班上得到足夠的支援？

6. 你是否能完成課堂作業及家庭作業？

7. 你和班上其他同學相處的情形如何？

8. 你是否參加課外活動？如果你的答案是否定的，哪一種課外活動是你有
   興趣的？

_____
簽名／日期

Copyright © Sage Publications, Inc. 中文版由心理出版社出版，2009 年

● 表 15　家長調查表

1. 你對於孩子新的分班有什麼反應和感覺？

2. 你的孩子對這個新的分班覺得如何？

3. 你的孩子在應付新班級的學業要求的情況是如何呢？

4. 你如何評斷孩子在這個班級裡的自我評價呢？

5. 你覺得孩子和他的同儕之間的互動如何？

6. 自從有了新的分班，什麼是你在孩子身上注意到（正面或負面）的改變？

7. 你能建議哪些想法或策略，是我們和你的孩子共事時可能會有所幫助的？

更多的意見：

_____
簽名／日期

Copyright © Sage Publications, Inc. 中文版由心理出版社出版，2009 年

137

● 表 16　教師助理調查表

1. 你覺得這些學生在班上的表現如何？

2. 對於這些學生，你是否有任何特別的關心事項？
　　　　學生姓名　　　　　　　　　你關心的方面

3. 你是否覺得你從特殊教育部門得到足夠的引導？如果沒有，請列出任何
　　改進的建議？

4. 你是否覺得你有足夠的時間，與普通班及特教老師二者做溝通？

Copyright © Sage Publications, Inc. 中文版由心理出版社出版，2009 年

● 表 16　教師助理調查表（續）

5. 你是否有針對特定修改或調整的任何建議呢？

6. 你想要得到什麼樣的訓練？

更多應該被提出的意見、問題或關心事項：

簽名／日期

Copyright © Sage Publications, Inc. 中文版由心理出版社出版，2009 年

● 表 17　教師調查表

1. 這些學生在你班上的表現如何？

　　學業上———（假使有某位學生遭遇到困難，指出那位學生及具體的敘述。）

　　社交／情緒方面———（這些學生與同儕間的互動情形如何？）

2. 這些學生是否完成每天指定的課堂作業及家庭作業？

3. 這些學生做功課的習慣和讀書技巧如何？

4. 這些學生對於現有行為管理制度的反應如何？

5. 你覺得這個分班對該學生的自信所造成的影響是如何？

Copyright © Sage Publications, Inc. 中文版由心理出版社出版，2009 年

● 表 17　教師調查表（續）

6. 學校的溝通方式對你的工作效果有什麼影響？

7. 一般而言，你是否滿意這些學生在你班級的進步？你是否對你班上的學生人數感到自在？

8. 對於以上所提到的任何一方面的問題，你會有什麼樣的解決辦法呢？

9. 你想要在學生的進步中看到什麼樣的改變？

更多的意見：

簽名／日期

Copyright © Sage Publications, Inc. 中文版由心理出版社出版，2009 年

● 表 18　課程調整表：學生部分

學生姓名：＿＿＿＿＿＿＿　　年級：＿＿＿＿＿　　日期：＿＿＿＿＿＿

小組成員：＿＿＿＿＿＿＿＿＿＿＿＿＿＿＿＿＿＿＿＿＿＿＿＿＿

步驟 1：列出該學生的長處

＿＿＿＿＿＿＿＿＿＿＿＿＿＿＿＿＿＿＿＿＿＿＿＿＿＿＿＿＿＿＿
＿＿＿＿＿＿＿＿＿＿＿＿＿＿＿＿＿＿＿＿＿＿＿＿＿＿＿＿＿＿＿
＿＿＿＿＿＿＿＿＿＿＿＿＿＿＿＿＿＿＿＿＿＿＿＿＿＿＿＿＿＿＿

步驟 2：列出目標

＿＿＿＿＿＿＿＿＿＿＿＿＿＿＿＿＿＿＿＿＿＿＿＿＿＿＿＿＿＿＿
＿＿＿＿＿＿＿＿＿＿＿＿＿＿＿＿＿＿＿＿＿＿＿＿＿＿＿＿＿＿＿
＿＿＿＿＿＿＿＿＿＿＿＿＿＿＿＿＿＿＿＿＿＿＿＿＿＿＿＿＿＿＿

步驟 3：調整的構想和策略

課本：

＿＿＿＿＿＿＿＿＿＿＿＿＿＿＿＿＿＿＿＿＿＿＿＿＿＿＿＿＿＿＿
＿＿＿＿＿＿＿＿＿＿＿＿＿＿＿＿＿＿＿＿＿＿＿＿＿＿＿＿＿＿＿
＿＿＿＿＿＿＿＿＿＿＿＿＿＿＿＿＿＿＿＿＿＿＿＿＿＿＿＿＿＿＿

日常作業：

＿＿＿＿＿＿＿＿＿＿＿＿＿＿＿＿＿＿＿＿＿＿＿＿＿＿＿＿＿＿＿
＿＿＿＿＿＿＿＿＿＿＿＿＿＿＿＿＿＿＿＿＿＿＿＿＿＿＿＿＿＿＿
＿＿＿＿＿＿＿＿＿＿＿＿＿＿＿＿＿＿＿＿＿＿＿＿＿＿＿＿＿＿＿

寫作：

＿＿＿＿＿＿＿＿＿＿＿＿＿＿＿＿＿＿＿＿＿＿＿＿＿＿＿＿＿＿＿
＿＿＿＿＿＿＿＿＿＿＿＿＿＿＿＿＿＿＿＿＿＿＿＿＿＿＿＿＿＿＿
＿＿＿＿＿＿＿＿＿＿＿＿＿＿＿＿＿＿＿＿＿＿＿＿＿＿＿＿＿＿＿

拼字：

＿＿＿＿＿＿＿＿＿＿＿＿＿＿＿＿＿＿＿＿＿＿＿＿＿＿＿＿＿＿＿
＿＿＿＿＿＿＿＿＿＿＿＿＿＿＿＿＿＿＿＿＿＿＿＿＿＿＿＿＿＿＿
＿＿＿＿＿＿＿＿＿＿＿＿＿＿＿＿＿＿＿＿＿＿＿＿＿＿＿＿＿＿＿

Copyright © Sage Publications, Inc. 中文版由心理出版社出版，2009 年

● 表 18　課程調整表：學生部分（續）

數學：
_____
_____
_____

組織技能：
_____
_____
_____

指令：
_____
_____
_____

大團體教學：
_____
_____
_____

課堂評量：
_____
_____
_____

教室行為：
_____
_____
_____

其他方面的考量：
_____
_____
_____

※負責調整的人：

課本：_____	日常作業：_____
寫作：_____	拼字：_____
數學：_____	組織技能：_____
指令：_____	團體教學：_____
評量：_____	行為：_____
其他：_____	

※特教老師、普通班教師、融合班的教師助理、同儕、義工、相關服務人員（OT、PT、DAPE）、其他學校人員——例如藝術、體育、科技、音樂或視聽媒體專家們。

Copyright © Sage Publications, Inc. 中文版由心理出版社出版，2009 年

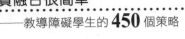

其實融合很簡單
—教導障礙學生的 **450** 個策略

● 表 19　課程調整概覽表

學生姓名：＿＿＿＿＿＿＿＿＿＿＿＿　日期：＿＿＿＿＿＿

級任導師：＿＿＿＿＿＿＿＿＿＿＿＿＿＿＿＿＿＿＿＿

特教老師：＿＿＿＿＿＿＿＿＿＿＿＿＿＿＿＿＿＿＿＿

註明需要在以下哪些方面為該學生做調整。填寫設計調整的負責人姓名。將完成的表格複製，然後將影印本分發給所有教學團隊的成員。假使目前沒有調整的需要，則將那部分空白。可於日後再加上調整。

課本／負責人：

日常作業／負責人：

寫作／負責人：

Copyright © Sage Publications, Inc. 中文版由心理出版社出版，2009 年

● 表 19　課程調整概覽表（續）

拼字／負責人：

_____

_____

_____

數學／負責人：

_____

_____

_____

指令（口頭的和文字的）／負責人：

_____

_____

_____

測驗程序／負責人：

_____

_____

_____

大團體或小組教學／負責人：

_____

_____

_____

組織技能／負責人：

_____

_____

_____

Copyright © Sage Publications, Inc. 中文版由心理出版社出版，2009 年

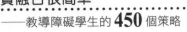

● 表 20　教材調整表：學生工作單

學生姓名：＿＿＿＿＿＿＿＿＿＿＿　計畫會議的日期：＿＿＿＿＿＿

科目：＿＿＿＿＿＿＿＿＿＿＿＿＿　年級：＿＿＿＿＿＿＿＿

教學團隊成員

姓名：＿＿＿＿＿＿＿＿　　　職稱：＿＿＿＿＿＿＿＿

＿＿＿＿＿＿＿＿＿＿＿＿＿＿　　＿＿＿＿＿＿＿＿＿＿＿＿＿＿

＿＿＿＿＿＿＿＿＿＿＿＿＿＿　　＿＿＿＿＿＿＿＿＿＿＿＿＿＿

＿＿＿＿＿＿＿＿＿＿＿＿＿＿　　＿＿＿＿＿＿＿＿＿＿＿＿＿＿

＿＿＿＿＿＿＿＿＿＿＿＿＿＿　　＿＿＿＿＿＿＿＿＿＿＿＿＿＿

請將所有適用於個別學生的項目打勾。

☐ 需要對班級課本有所調整。

　　☐ 該學生必須和一位同儕或一個小組，一起共讀上課的所有教材。

　　☐ 應該提供教材錄音帶給該學生。

　　☐ 應該把整本課本錄在錄音帶內給該學生。

　　☐ 應該為該學生改述整本課本。

　　☐ 應該為該學生把課本上單頁（或雙頁）錄音下來。

　　☐ ＿＿＿＿＿＿＿＿＿＿＿＿＿＿＿＿＿＿＿＿＿＿＿

※負責調整的人：＿＿＿＿＿＿＿＿＿＿＿＿＿＿＿＿＿＿

☐ 需要下列服務。

　　☐ 預先教學或預習內容。

　　☐ 必教那一課課文的大綱。

　　☐ 字彙和字義一覽表。若是恰當的話，可提供一份修正版。

　　☐ 一份附有期限日，學期必交作業的檢核表。

　　☐ 針對學期必交作業的學習指引。

　　☐ 應該提供整套課本作為家庭使用。

　　☐ ＿＿＿＿＿＿＿＿＿＿＿＿＿＿＿＿＿＿＿＿＿＿＿

※負責調整的人：＿＿＿＿＿＿＿＿＿＿＿＿＿＿＿＿＿＿

☐ 需要特殊教育部門的直接援助。

　　☐ 需要補充的教科書

　　　　誰提供這項服務？＿＿＿＿＿＿＿＿＿＿＿＿＿＿＿

　　　　每天的分鐘數？＿＿＿＿＿＿＿＿＿＿＿＿＿

　　　　需要白天服務的時間。＿＿＿＿＿＿＿＿＿＿＿＿

Copyright © Sage Publications, Inc. 中文版由心理出版社出版，2009 年

● 表21 日常作業調整記錄表:學生工作單

學生姓名:_____ 計畫會議的日期:_____
科目:_____ 年級:_____

教學團隊成員

姓名: 職稱:
_____   _____
_____   _____
_____   _____
_____   _____

請將所有適用於該個別學生的項目打勾。

☐ 需要日常作業上的協助。

    該學生用下列調整就能完成每天的課堂作業:

    ☐ 修改作業的長度和評分等級。

    ☐ 允許該學生以小組合作的方式做功課。

    ☐ 允許該學生以口頭方式完成作業。

    ☐ 允許一位同儕把該學生的想法唸出來和寫出來。

    ☐ 允許該學生有額外的時間來完成作業。

    ☐ _____

    ☐ _____

※負責調整的人:_____

_____

☐ 需要以下的補充服務。

    ☐ 一份指定作業與期限日的核對清單。

    ☐ 一整套在家使用的課本。

    ☐ 一本影印的或消耗性的書本。

    ☐ _____

    ☐ _____

※負責調整的人:_____

Copyright © Sage Publications, Inc. 中文版由心理出版社出版,2009 年

● 表 21　日常作業調整記錄表：學生工作單（續）

☐ 需要特殊教育部門的直接援助。
　　　☐ 所提供的作業是閱讀程度較低的。
　　　☐ 會提供補充的學校課程或改編的內容，以涵蓋相同的技能範圍。
　　　　　每天的服務量？＿＿＿＿＿＿＿＿＿＿＿＿＿＿＿＿＿
　　　　　大約的服務時間？＿＿＿＿＿＿＿＿＿＿＿＿＿＿＿
※ 負責提供服務的人：＿＿＿＿＿＿＿＿＿＿＿＿＿＿＿＿＿

☐ 該學生無法完成對全班指定的作業。
　　　☐ 補充作業會依該學生的個別化教育計畫來提供。
　　　☐ 該學生的個別化教育計畫裡已註明要有一位教師助理。
　　　　　每天的服務量？＿＿＿＿＿＿＿＿＿＿＿＿＿＿＿
　　　　　特殊考量的方面？＿＿＿＿＿＿＿＿＿＿＿＿＿＿
　　　　　＿＿＿＿＿＿＿＿＿＿＿＿＿＿＿＿＿＿＿＿＿＿
　　　☐ 有關補充教材的想法。
＿＿＿＿＿＿＿＿＿＿＿＿＿＿＿＿＿＿＿＿＿＿＿＿＿＿＿
＿＿＿＿＿＿＿＿＿＿＿＿＿＿＿＿＿＿＿＿＿＿＿＿＿＿＿
＿＿＿＿＿＿＿＿＿＿＿＿＿＿＿＿＿＿＿＿＿＿＿＿＿＿＿

※ 負責提供服務的人：＿＿＿＿＿＿＿＿＿＿＿＿＿＿＿＿＿

更多的意見：

Copyright © Sage Publications, Inc. 中文版由心理出版社出版，2009 年

● 表 22　調整記錄表

日期	策略編號 #	結果

Copyright © Sage Publications, Inc. 中文版由心理出版社出版，2009 年

● 表 23　日常行為觀察表

學生姓名	觀察的行為	評語

Copyright © Sage Publications, Inc. 中文版由心理出版社出版，2009 年

● 表 24　指定作業記錄表

姓名：＿＿＿＿＿＿＿＿＿＿＿＿＿＿＿＿＿　週別：＿＿＿＿＿＿＿＿＿＿

科目	星期一	星期二	星期三	星期四	星期五
閱讀					
英語					
數學					
社會					
科學					
提醒					

Copyright © Sage Publications, Inc. 中文版由心理出版社出版，2009 年

● 表 25 行為契約

學生：＿＿＿＿＿＿＿＿＿＿＿＿＿＿＿＿＿　日期：＿＿＿＿＿＿＿＿＿

老師：＿＿＿＿＿＿＿＿＿＿＿＿＿＿＿　科目／節次：＿＿＿＿＿＿＿

我會在課堂上證明以下的行為：

＿＿＿＿＿＿＿＿＿＿＿＿＿＿＿＿＿＿＿＿＿＿＿＿＿＿＿＿＿＿＿＿＿＿＿

＿＿＿＿＿＿＿＿＿＿＿＿＿＿＿＿＿＿＿＿＿＿＿＿＿＿＿＿＿＿＿＿＿＿＿

＿＿＿＿＿＿＿＿＿＿＿＿＿＿＿＿＿＿＿＿＿＿＿＿＿＿＿＿＿＿＿＿＿＿＿

＿＿＿＿＿＿＿＿＿＿＿＿＿＿＿＿＿＿＿＿＿＿＿＿＿＿＿＿＿＿＿＿＿＿＿

我想要朝著下列方面努力：

目標：

＿＿＿＿＿＿＿＿＿＿＿＿＿＿＿＿＿＿＿＿＿＿＿＿＿＿＿＿＿＿＿＿＿＿＿

＿＿＿＿＿＿＿＿＿＿＿＿＿＿＿＿＿＿＿＿＿＿＿＿＿＿＿＿＿＿＿＿＿＿＿

動機：

＿＿＿＿＿＿＿＿＿＿＿＿＿＿＿＿＿＿＿＿＿＿＿＿＿＿＿＿＿＿＿＿＿＿＿

＿＿＿＿＿＿＿＿＿＿＿＿＿＿＿＿＿＿＿＿＿＿＿＿＿＿＿＿＿＿＿＿＿＿＿

更多的意見：

＿＿＿＿＿＿＿＿＿＿＿＿＿＿＿＿＿＿＿＿＿＿＿＿＿＿＿＿＿＿＿＿＿＿＿

＿＿＿＿＿＿＿＿＿＿＿＿＿＿＿＿＿＿＿＿＿＿＿＿＿＿＿＿＿＿＿＿＿＿＿

＿＿＿＿＿＿＿＿＿＿＿＿＿＿＿＿＿＿＿＿＿＿＿＿＿＿＿＿＿＿＿＿＿＿＿

＿＿＿＿＿＿＿＿＿＿＿＿＿　　　　　＿＿＿＿＿＿＿＿＿＿＿＿＿

學生簽名／日期　　　　　　　　　　老師簽名／日期

副本：

　　學生　　　　　父母

　　老師　　　　　檔案

Copyright © Sage Publications, Inc. 中文版由心理出版社出版，2009 年

專有名詞彙編

abstract thinking（抽象思考）——在構想方面的思考能力。

accommodation（調適）——在沒有降低或變更標準的情況下，去改變教學主題、結果、活動或回饋。

adaptation（調整）——為了滿足課程、資源或學生的學習需求而改變整套實行的過程。

ADA——The Americans with Disabilities Act 1990。這項法規要求雇主及經營公眾相關事業者要適應障礙者的需求；獲得政府專款的學校必須利用學校自己的財源做合理的調適，並且不論什麼障礙，都不能出現差別的待遇。

ADD——參看 Attention Deficit Disorder

alternative assessment（替代性評量）—— 一種使用不同方法來代替傳統紙筆測驗的評量，以測量學生的知識。演示、口頭報告或專題計畫案都是一些例子。

Attention Deficit Disorder（注意力缺陷症）——學生對於將注意力對準或保持在正常課業學習上出現困難的一種症狀。

auditory blending（聽覺混合）——將不同語音混合成為語詞。

auditory discrimination（聽覺辨別力）——在語詞裡聽出差異與相似的能力。

auditory memory（聽覺記憶）——回想起所聽到訊息的能力。

authentic assessment（真實性評量）——使用和教師所教課程有直接關係、有意義的作業來評估學生的表現。

behavior（行為）——一種介於刺激與反應之間的關係。

behavior modification（行為矯正）——在刺激／反應模式上提供改變的過程。

collaboration（合作）——朝向一個共同目標一起工作。

configuration cues（形態提示）——關於字的形狀與長度的輪廓。

contract（契約）—— 一種介於老師與學生之間的書面協議，它概述特定的行為與後果。

demonstration（演示）——除了紙筆測驗外的另一種方式，學生在這樣的評量中主動展現已學會的東西。

discrimination（辨別力）——在視覺、聽覺、觸覺或其他知覺刺激之間的辨別能力。

distractibility（分心）——注意力很容易從課業上移開。

expressive language（表達性語言）——口頭的、動作的和（或）文字的表達。

fine motor（精細動作）——使用小肌肉群在像手寫這類特定的工作。

hyperactivity（過動）——相較於其他同年齡者，以及在相似情況下的過度活動力。

IDEA——the Individuals with Disabilities Education Act（正式名稱為 P.L. 94-142-The Education for the Handicapped Act）

IEP——參看 Individualized Education Plan。

Individualized Education Plan（個別化教育計畫）——針對具有接受特殊教育服務資格的學生而設計的個別計畫。

impulsivity（衝動）——在沒有考慮後果的情況下表現出行動或說出話。

inclusion paraprofessional（融合班的輔助性專業人員）——在融合班級裡與一群學生一起工作的人員。

inclusion pupil paraprofessional（個別學生的輔助性專業人員）——在融合班級裡被指定來支援某位特定學生的人員。輔助性專業人員是被載明在個別化教育計畫裡。

inclusive schooling（融合學校）——是一種學校環境，在上課日的全部或重要部分，讓障礙學生在普通班裡接受教學。

least restrictive environment, LRE（最少限制的環境）——此專有名詞要求在最大的可能範圍，障礙學生與其非障礙同儕一起接受教育。

memory（記憶力）——對視覺、聽覺和（或）觸覺刺激的回想。

mnemonics（記憶術）——與視覺或言語有關的輔助工具，可用來促進資訊的擷取。

modifications（修改）——降低或改變標準，以便符合學生在個別化教育計畫或 504 Plan 的教學需求。

parallel activity（並行的活動）——作業的結果是相似的，但用來達到結果的教材內容可能完全不同。

portfolio（卷宗）——蒐集大量的學生作業，用來證明什麼是該學生在一段長時間內已學會的。

previewing（預習）——在教學或測驗之前，將所選的內容先行閱讀、聆聽或察看。

readiness（預備能力）——針對一項學習活動，在身體、心理或情感上的準備。

remediation（補救）——基本技能的改善。

short attention span（短暫的注意力廣度）——相較於同年齡其他人，沒有長時間專注於某件事情的能力。

supplemental teaching（補充教學）──在需要時以再教學、強化和（或）另類學校課程形式提供給學生。

supportive teaching（支援教學）──由特教老師或融合班的輔助性專業人員，對班級課程或環境所做的修正，它會容許學生在主流教育裡體驗到成功。

sound symbol（聲音符號）── 一個字母的印刷形狀和聲音之間的關係。

team teaching（團隊教學）──兩位老師聯合一起工作，來發展、規劃和教導一個課程。

tracking（追蹤）──根據學生被察覺的能力而將其分組的實施方式。

visual discrimination（視覺辨別力）──在圖片、文字和符號上察覺相似與差異的能力。

協助你的
組織機構

ARC of the United States

1010 Wayne Avenue #650, Silver Spring, MD　20910

Information 1-301 265-3842　ARCs Publication Desk 1-888-368-8009

ARC 的目標是要改善所有智能障礙兒童與成人,以及他們家人的生活。他們擁有範圍廣泛的出版品目錄,包括與智能障礙特定主題相關的說明書。有些出版品不但有英文版本,也買得到西班牙文版本。請來電詢問。

Consortium on Inclusive School Practices-Child and Family Studies Program

Allegheny-Singer Research Institute　320 East North Avenue Pittsburgh, PA　15212

這個有關融合學校的實施聯盟,出版了一份「受資助計畫案的成果目錄」,它包括簡介、文章、錄影帶、小冊子和說明書的一覽表,是由從美國教育部特殊教育暨復健服務處(US Dept. of Education, Office of Special Education and Rehabilitative Services)得到補助經費的研究者所創作的。該網址是:www.asri.edu/CFSP/brochure/abtcons.htm

Institute on Community Integration

102 Pattee Hall, 150 Pillsbury Drive SE, Minneapolis, MN　55455

(612) 624-4512 publications　(612) 624-6300 general information

這個大學附屬的方案,所促進的科際整合的訓練、服務、技術協助、研究和宣傳活動,是設計來增加對有障礙學生的社區服務和社會援助。資料的價格合理而且涵蓋的主題範圍廣泛。透過通訊、資源指南、訓練手冊、研究報告、學校課程和小冊子,不但提供有關融合的資訊,也提供有關其他主題的資訊。可來信索取免費目錄。這是一個絕佳的資訊來源。

Learning Disabilities Association of America

4156 Library Road　Pittsburgh, PA　15234

1-888-300-6710

美國學習障礙協會(Learning Disabilities Association of America, LDA)是一個非營利性的國家機構,其提供了有關學習障礙的認識、研究和資訊。美國學習

障礙協會分發許多小冊子和書籍給家長、孩子和教師。請來電索取目錄。

National Center on Educational Restructuring and Inclusion

The Graduate School and University Center　The City University of New York

33 West 42 Street, New York, NY　10036

(212) 817-2090

國家教育重建與融合中心（National Center on Educational Restructuring and In-clusion, NCERI）促進與支持融合教育計畫。NCERI 提出國家與地方的政策議題、領導研究、提供訓練與技術協助。這個組織也宣傳有關融合教育計畫的課程、練習、評估和經費的資訊。定期將免費出版品寄給在通訊名單上的人士。請來電要求加入通訊名單，你將會發現這些資訊的好處。

National Information Center for Children and Youth with Disabilities

PO Box 1492, Washington, DC　20013-1492

1-800-695-0285 (Voice/TTD)　1-202-884-8200

國家障礙兒童與青少年資訊中心（National Information Center for children and Youth with Disabilities, NICHCY）是一個由聯邦政府資助的資訊交換中心，其提供有關障礙和與障礙相關議題的資訊。這個機構還提供解說明確的小冊子，以及關於特殊教育服務的資源名冊。這個卓越的機構不僅提供資訊來協助教師，而且還同樣協助父母、專業人士和看護者。任何關於障礙兒童與青少年的問題，請儘管打電話給這個機構。

National Library Service for the Blind and Physically Handicapped

Library of Congress 1291 Taylor Street NW　Washington, DC　20542

1-800-424-8567

國會圖書館服務處以另類的形式（布拉耶點字法、錄音帶），將閱讀材料分發給因失明或肢體損傷而使他們無法使用一般印刷資料的美國公民。

Special Education Resource Center (SERC)

25 Industrial Park Road　Middletown, CT　06457

(860) 632-1485

特殊教育資源中心（Special Education Resource Center, SERC）提供與融合相關並附注解的參考書目和資源名冊。這個資源是針對與早期介入、特殊教育和學生服務相關的專業人士、家庭和社團成員，以及針對有特殊需求者要轉銜至成人生活者。假如你有興趣得到參考書目或資源名冊，請打電話給 SERC 的圖書館員。 這個組織會很樂於協助你。

The Association for Persons with Severe Handicaps (TASH)

29 West Susquehanna Avenue, Suite #210, Baltimore, MD　21204

(410) 828-8274　FAX (410)-828-6706

這個國際組織提倡障礙者要完全被融合在學校、職場和社區環境裡。重度殘障者協會（The Association for Persons with Severe Handicaps, TASH）舉行年度座談會，出版每月通訊和季刊。假如你想要收到一些免費的出版品樣本，或是想知道會員訊息，請儘管打電話或傳真到上述的號碼來索取。

電話號碼與網址

不負責任聲明：下列電話號碼和網址在出版當時是可使用的。雖然當作資源編列，但是 Sage Publications, Inc.不背書也不保證這些網站資料的正確性。

組織機構與電話號碼	網址（當可取得時）
ACCESS Eric 1-800-538-3742	www.accesseric.org
ADA Information Center 1-800-949-4232	www.adainfo.org
American Association on Mental Retardation 1-800-424-3688	www.aamr.org
American Council of the Blind 1-800-424-8666	www.acb.org
American Speech-Language-Hearing Association 1-800-321-ASHA	www.asha.org
American Society for Deaf Children 1-800-942-2732	www.deafchildren.org
Arc of the United States 1-301-565-3842	www.thearc.org
Associated Services for the Blind Resource 1-215-627-0600	www.libertynet.org/asbinfo
Auditory-Verbal International Inc 1-703-739-1049	www.auditory-verbal.org/
Autism Society of America 1-800-328-8476	www.autism-society.org
Children and Adults with ADD (CH.A.D.D.) 1-800-233-4050	www.chadd.org
Closing the Gap	www.closingthegap.com
Educational Resources information Center Clearinghouse on Disabilities Gifted Education 1-800-328-0272	http://ericec.org
Kids on the Block 1-800-368-5437	www.kotb.com

Learning Disabilities of America (LDA) 1-888-300-6710	www.ldanatl.org
Multiple Sclerosis Society	http://www.nmss.org
National Association for Parents of Children with Visual Impairments 1-800-562-6265	www.spedex.com/napvi
National Alliance for the Mentally Ill 1-800-950-6264	www.nami.org
National Clearinghouse on Postsecondary Ed for Individuals with Disabilities 1-202-939-9320	www.acenet.edu/about/prog-rams
National Down Syndrome Society 1-800-221-4602	www.ndss.org
National Information Center for Children and Youth with Disabilities (NICHCY) 1-800-695-0285	www.nichcy.org
Office of Special Education Programs (OSEP)	www.ed.gov/offices/OSERS/IDEA/index.html
National Information Center on Deafness 1-202-651-5051	www.gallaudet.edu~nicd
National Federation of the Blind (NFB)	http://www.nfb.org
PACER Center (for families of children & adults with disabilities) 1-800-537-2237	www.pacer.org
Recordings for the Blind and Dyslexic 1-800-221-4792	www.rfbd.org
Spina Bifida Associations of America 1-800-621-3141	www.sbaa.org
Teacher's Edition Online	http://teachnet.com
United Cerebral Palsy Associations, Inc 1-800-872-5827	www.ucpa.org

如果你在查明某組織機構方面需要更多的幫助，請打電話 1-800-695-0285，聯繫 National Information Center for Children and Youth with Disabilities。若需免付費電話號碼更詳細的名單，請訂購標題為「全國免付費電話號碼」的出版品。

特殊教育資源

以下這幾頁包括了一些給教師、父母和學生看的參考書。有關完整的書目請參觀網站**www.peytral.com**，或打免付費電話1-877-PEYTRAL（739-8725）來索取目錄。價格隨時有所變動。

以下這三本出版品是其實融合很簡單：教導障礙學生的 **450** 個策略（**Inclusion: 450 Strategies for Success**）的套書。

Inclusion: A Practical Guide for Parents － Moore

此書幫助父母去了解融合環境，並提供必要的工具來促進和提升孩子學習。本書包含了可協助閱讀、數學、寫作和專注等技能的具體練習。有許多練習、問卷、檢核表和自己動手做的圖表，協助父母來幫助他們的孩子從學習經驗中獲益——無論是在學校或是在家中。P300　$19.95

Inclusion: An Essential Guide for the Paraprofessional － Hammeken

這本實用的出版品裡含有專門為輔助性專業人員所寫的完整資訊。包括上百個策略及可供複製的內容，對教師助理在融合環境的日常工作有所幫助。本書可被用在專業成長的課程上。有可複製的表格。P200　$21.95

Inclusion: Strategies for Working with Young Children － Moore

是其實融合很簡單：教導障礙學生的 **450** 個策略（**Inclusion: 450 Strategies for Success**）的好搭檔，本書包含了一座資訊的寶庫。書中強調以啟發性為基礎的構想，有助於三歲到七歲的孩童溝通、粗大及精細動作的發展、讀寫算的預備技能，另外還幫助孩子們學習有關情感、同理心、如何面對衝突和問題解決。對那些教導學前到小學二年級的教師們，是一個絕佳的資源。有可複製的表格。P301　$21.95

其實融合很簡單：教導障礙學生的 **450** 個策略（**Inclusion: 450 Strategies for Success**）這本書提供全頁的漫畫，可用於專業成長與訓練之用（編按：中譯本因授權之故未呈現漫畫）。以下每本書有百幅以上的漫畫。這些漫畫可被複製成專業成長課程的投影片！

Ants in His Pants-Absurdities and Realities of Special Education. 1998

Michael F. Giangreco　　P101　　$19.95

Flying By the Seat of Your Pants ─ More Absurdities and Realities of Special Education. 1999 ─ Giangreco　　P102　　$19.95

Teaching Old Logs New Tricks ─ Absurdities and Realities of Education ─ Giangreco　　P103　　$19.95（2000 年春季出版）

Collaborative Practices for Educators ─ Lee
這本實用書將幫助教師改善個人與團體的溝通技巧。其中的一百八十個練習活動可被用在個人身上、與某位同事一起用，或是在一個團體環境中使用。其附錄包含一套可複製的、廣受歡迎的**有效溝通提示卡（Tip Cards for Effective Communication**）。P302　　$19.95　　適用於所有年級　　1999 年

Complete Guide to Special Education Transition Services ─ Peirangelo
一本重要的參考書，涵蓋程序、權利、現今法令、學校責任、組織機構、表格、法律規定、父母責任、國家和政府的專業行政機構，以及更多的內容。安排在十三個章節裡並附有十二個附錄。PH204　　$29.95

Early Intervention Dictionary ─ A Multidisciplinary Guide to Terminology
這本優秀的出版品，解釋在早期介入領域裡數百個常用的醫學、治療學和教育的專有名詞。這本珍貴的詞典幫助父母和早期介入領域的專業人士能順利地了解彼此，以及更有效地共同合作。WP306　　$17.95

1999 年發行！
Inclusion: The Next Step ─ Wendy Dover　　專業成長訓練的系列錄影帶

　　Tape 1 Building Consensus for Inclusive Education.　　第一卷錄影帶幫助你了解當今融合教育可達到的範圍；建立起工作成員之間的共識；提出障礙的議題；以及運用有效策略來處理反對的阻力。MT3882 $129.95

　　Tape 2 Understanding Your Inclusion Options.　　第二卷錄影帶幫助你

去控制對調整的選擇；評估對學生調整的構想和策略；認識小學階段六個調整等級的重要性；以及使調整在一般的學校課程裡產生效用。MT3883　$129.95

Tape 3 Planning Effective Modifications and Accommodations.　第三卷錄影帶幫助你去建構學生的調整以及學校課程的修改；應付教學計畫與課程計畫的任務；有效溝通；將規劃好的調整付諸實施。MT3884　$129.95

Tape 4 Delivering Necessary Support.　第四卷錄影帶幫助你促進老師與支援的工作人員之間的合作；分配重要的教學與課程的材料；讓諮詢的與抽離的資源在你的方案裡產生作用；使教師助理的用途增加到最大。MT3885　$129.95

Inclusive High School-Learning from Contemporary Classrooms － Fisher, Sax & Pumplan
本書透過記錄式的詳細報導，提供了一個發展融合高中的架構，從他們的努力奮鬥到最後的成功。討論的主題包括：建立以學校為基礎的關係、發展支援策略、準備好教室、規劃課程、修改學校課程，以及更多的內容。適用於高中教師、行政主管以及大學教授。B112　$27.95

How to Reach & Teach All Students in the Inclusive Classroom － Rief & Hamburge
這個對（三年級到八年級）教師很有用的資源，提供立即可用的策略、課程和活動，它會協助去滿足在普通班裡，異質性群體的學業、社交與情感的需求！學會如何透過學生的多元智能去接近他們，發展學生的作品卷宗、管理行為，及更多的內容。有超過一百個全頁的可複製的管理工具。PH101　$29.95

Lessons and Activities for the Inclusive Primary Classroom － Kennedy
本書是寫來幫助幼稚園到小學三年級的普通班和特教老師，以便成功地將

有特殊需求的孩子們融入班級。這一百二十二堂附有可複製活動的課程，涵蓋了社交技巧、溝通、藝術、數學、科學、社會課、體育課和更多其他的。個人成果的目標和計畫，可被單獨地運用在個人或和全班一起用。PH102　$29.95

Let's Write － Stowe

包括超過兩百個活動和一百一十個表格，來幫助（小學三年級以上）有寫作困難的學生。用簡單的文字開始，然後進展到越來越複雜的寫作，本書考慮到學生所有的能力程度和學習風格。PH205　$29.95　適用於小學三年級以上　2000 年

Phonemic Awareness: Lessons, Activities and Games － An Educator's Guide － Scott

本書幫助在困境掙扎的閱讀者！研究指出許多有閱讀缺陷的學生缺乏音素覺識的能力。研究還指出這些技巧是可以被教會的！利用此書來發展語音的關係，以作為閱讀的必要條件或是補充現有的閱讀課程。包括有一個音素覺識原理的概要、四十八堂有教學腳本的課程——可立即使用、四十九個可複製的原版的和進步圖表。適用於幼稚園到小學四年級。P600　$27.95　1999 年

Phonemic Awareness: The Sounds of Reading － Staff Development Training Video

這卷錄影帶可與 *Phonemic Awareness: Lessons, Activities and Games* 搭配使用，示範了音素覺識的基本要素（辨別、比較、分割、混合和押韻），以及展示如何將這些技巧不只應用到閱讀，而應用到所有科目上。很棒的專業成長課程錄影帶！25 分鐘長　P601　$59.95　VHS 2000 年

Special Kids Problem Solver － Shore

這本優良出版品提供資訊和策略，以便對三十個經常發生的問題能有效地辨識和回應，包括有數學焦慮、閱讀障礙、侵犯行為、注意力障礙、愛滋病、愛滋病病毒帶原及更多問題。PH201　$19.95　適用於所有年級　1999 年

The Special-Needs Reading List － An Annotated Guide to the Best Publications for Parents and Professionals

這份出版品以單冊、便於使用的形式，就有關於障礙孩童的最佳書籍、期刊、通訊、組織機構和其他資訊來源，予以評論與建議。是一份給學校及圖書館的無價資源。WP300　$18.95

普通班教師的教學魔法表：改造學習困難的孩子（Teaching kids with Learning Difficulties in the Regular Classroom）－ Winebrenner

這是適用於所有年齡層、包括構想和策略的長銷書。本書包含豐富資訊，以及許多可複製的原版內容！是每個學校的必備讀物。FS100　$29.95

Teaching Reading to Children with Down Syndrome: A Guide for Parents and Teachers － Oelwien

這本全國知名的閱讀教學指引，透過富想像力又實用的課程介紹，可以保證孩子成功的學習。課程可量身訂製以符合每個學生的需求。雖然是為唐氏症兒童所寫，但這本書也同樣會幫助其他在困境中掙扎的閱讀者。有一百頁可複製的教材！WP104　$16.95

Teenagers with ADD － A Parent's Guide

這本暢銷書幫助教師與父母來了解和處理有注意力障礙的青少年。本書完整地包括癥狀、診斷、治療、調整、家庭與學校生活、支持，及更多的內容。WP100　$18.95

Tough to Reach, Tough to Teach － Students with Behavior Problems － Rockwell

藉由知道該如何減弱不當行為的危險和建構「顧全面子」之另類辦法，以便對遇到具破壞性、違抗、有敵意的學生先做好準備。本書所提供的訣竅一覽表包括以下方面：設定限制、安排教室的安全以及增加個人效率到最大。一個給普通和特教老師的珍貴資源。CEC103　$26.95

國家圖書館出版品預行編目資料

其實融合很簡單：教導障礙學生的 450 個策略／
Peggy A. Hammeken 著；呂翠華譯. -- 初版. --
臺北市：心理，2009.01
　面；　公分. --（障礙教育系列；63084）
參考書目：面
譯自：Inclusion: 450 strategies for success: a practical
　　　guide for all educators who teach students with
　　　disabilities
　ISBN 978-986-191-225-7（平裝）

1. 融合教育

529.5　　　　　　　　　　　　　　　　　　97024899

障礙教育系列 63084

其實融合很簡單：教導障礙學生的 450 個策略

作　　者：Peggy A. Hammeken
譯　　者：呂翠華
執行編輯：林怡倩、陳文玲
總 編 輯：林敬堯
發 行 人：洪有義
出 版 者：心理出版社股份有限公司
地　　址：231 新北市新店區光明街 288 號 7 樓
電　　話：(02)29150566
傳　　真：(02)29152928
郵撥帳號：19293172　心理出版社股份有限公司
網　　址：http://www.psy.com.tw
電子信箱：psychoco@ms15.hinet.net
駐美代表：Lisa Wu（lisawu99@optonline.net）
排 版 者：鄭珮瑩
印 刷 者：竹陞印刷企業有限公司
初版一刷：2009 年 1 月
初版五刷：2019 年 8 月
I S B N：978-986-191-225-7
定　　價：新台幣 220 元

■ 有著作權·侵害必究 ■
【本書獲有原出版者全球繁體中文版出版發行獨家授權】